Helmut Schmidt
# Globalisierung

# Helmut Schmidt
# **Globalisierung**

Politische, ökonomische und kulturelle
Herausforderungen

*Düsseldorfer Vorlesungen*

Deutsche Verlags-Anstalt Stuttgart

Die Deutsche Bibliothek – CIP-Einheitsaufnahme

*Schmidt, Helmut:*
Globalisierung : Politische, ökonomische und kulturelle
Herausforderungen / Helmut Schmidt. –
Stuttgart : Deutsche Verlags-Anstalt, 1998
ISBN 3-421-05160-7

© 1998 Deutsche Verlags-Anstalt GmbH, Stuttgart
Alle Rechte vorbehalten
Druck und Bindearbeit: Friedrich Pustet, Regensburg
Printed in Germany
ISBN 3-421-05160-7

# Inhalt

# Editorische Notiz

Die Heinrich-Heine-Universität zu Düsseldorf hatte den Verfasser zu einer Folge von Gastvorlesungen eingeladen. Diese fanden am 1. und 15. Dezember 1997 und am 12. Januar 1998 statt. Der Titel der Vorlesungsfolge lautete: »Die Globalisierung – ihre Ursachen und Auswirkungen – und die notwendigen Konsequenzen für Europa«. Das öffentliche Auditorium war sowohl von Hochschullehrern und Studenten besucht als auch von vielen Gästen. Die hier abgedruckten Texte beruhen auf Tonbandaufnahmen der frei formulierten Vorträge; sie sind geringfügig redigiert und um einige wenige Sätze ergänzt worden; einige Wiederholungen habe ich gestrichen.

H. S.

# Geleitwort

»Globalisierung« ist zum Peitschenwort dieser
Jahre geworden. Es gibt kaum noch einen ver-
antwortlichen, meist nur einen interessierten
oder parteilichen Gebrauch des Begriffs.

Die drei Düsseldorfer Vorlesungen von Helmut Schmidt geben eine knappe und doch umfassende Darlegung, was Globalisierung an der
Wende zum neuen Jahrhundert ist und bedeutet. Zum erstenmal sind die wirtschaftliche, die
praktisch-politische und die geistig-kulturelle
Dimension von Globalisierung zusammengese-
hen. Damit gewinnt der oft verwaschene Begriff
eine neue analytische Kraft. Er läßt uns unsere
Lage klarer erkennen und zeigt Möglichkeiten
und Notwendigkeiten des Handelns.

Das ist ein unerwartet hoher Ertrag von drei
öffentlichen Vorlesungen. Die künftige Debatte
sollte dieses Niveau nicht mehr unterschreiten.

Das große Publikum der Vorlesungen bestand
aus Studenten und Studentinnen der Heinrich-

Heine-Universität, aus zahlreichen Düsseldorfern und aus einer breiten Öffentlichkeit, die der Fernsehübertragung folgten. Für viele der jungen Leute, die Helmut Schmidt nicht mehr bewußt als Bundeskanzler erlebten, war er zunächst eine Gestalt der jüngeren Geschichte und wurde mit Neugier betrachtet. Eine anfängliche Skepsis, die ich aus mehreren Gesprächen heraushörte, wandelte sich gegen Ende in Bemerkungen ungläubiger Hochachtung. Es entstand eine konkrete Vorstellung von politischer Glaubwürdigkeit, wohl auch deshalb, weil weder Studenten noch Professoren in seinen Analysen irgend geschont wurden.

Helmut Schmidt las als Heinrich-Heine-Gastprofessor. Auf dieser Professur kommen neben der Literatur und Literaturkritik auch die Politik und die Wissenschaft zu Wort – eben in der Weise, wie die Aufklärung den Begriff der Kritik verstand.

Er war der vierte Inhaber der Professur – nach Marcel Reich-Ranicki, Wolf Biermann und Richard von Weizsäcker.

*Prof. Dr. DLitt h.c. Gert Kaiser*
Rektor der Heinrich-Heine-Universität Düsseldorf

# I

# Das Phänomen der »Globalisierung«

Mein Thema der Globalisierung ist ein prak-
tisch-politisches und zugleich ein sozial-öko-
nomisches und – wie wir später noch sehen
werden – auch ein geistiges Thema. Zunächst
will ich mich darauf konzentrieren, das Phänomen der Globalisierung zu beschreiben und
zu analysieren. Das ist eine ziemlich trockene
Angelegenheit. Sodann werde ich auf die Per-
spektiven zu sprechen kommen, die sich aus der
Globalisierung für Europa und für Deutschland
ergeben, und auf die Antworten zur Frage nach
den politischen und den sozialökonomischen
Konsequenzen, die wir Europäer und wir Deutschen zu ziehen haben. Oder anders gesagt:
Wenn denn die Globalisierung für uns Gefährdungen und Anpassungszwänge mit sich bringt
– haben wir dafür politische, ökonomische, soziale Rezepte? Oder noch anders: Welche Rezepte sollten wir eigentlich haben? Drittens
werde ich die kulturellen Herausforderungen

und die Antworten, die mir geboten erscheinen, erörtern; dieser dritte Teil reicht dann von der Sprache bis zur Ethik, und er schließt natürlich Erziehung, Bildung, Ausbildung ein und damit auch die Universitäten.

Zur ersten Frage: Was meinen wir eigentlich, wenn von Globalisierung die Rede ist? Dazu möchte ich vier kleine Beispiele geben.

Kürzlich sah ich in einem Hotelzimmer in Moskau abends ein deutsches Fernsehprogramm, ZDF. Etwas vorher hatte ich in Kairo im Hotel abends ein amerikanisches Fernsehprogramm gesehen, Cable News Network. Und ein paar Tage darauf in Wien ein japanisches Fernsehprogramm, NHK. Bei mir zu Hause in Hamburg kann man jeden Abend – wir sind verkabelt – rund 25 oder 30 Kanäle sehen, darunter je einen amerikanischen, einen englischen, einen französischen, einen türkischen. In weniger als zehn Jahren werden es hundert Kanäle sein, wenn wir denn entweder verkabelt sind oder eine Schüssel auf dem Dach stehen haben. Dies ist ein Beispiel für Globalisierung.

Ein zweites Beispiel: Vor knapp einem halben Jahrhundert war ich in Hamburg ein junger wirtschaftspolitischer Mitarbeiter des damals gleichfalls noch sehr jungen Wirtschaftssenators

Karl Schiller – der war damals noch keine vierzig, und ich noch keine dreißig Jahre alt. Eine unserer Hauptaufgaben damals war beizutragen, daß Handel und Schiffahrt wieder in Gang kamen. Aber das, was der Krieg nicht zerstört hatte, war inzwischen von den Alliierten demontiert. Noch 1953 haben wir für jeden einzelnen Schiffsbau eine Genehmigung der Engländer und Amerikaner gebraucht; erst später, Ende der fünfziger Jahre, kam dann der Aufbau unserer Handelsflotte in volle Fahrt. Aber heute, vierzig Jahre später, fahren viele Schiffe deutscher Reeder längst unter ausländischen Flaggen, mit überwiegend ausländischen Besatzungen. Und fast alle großen deutschen Werften haben den Schiffsbau eingestellt; der letzte Fall, den wir miterlebt haben, war der »Bremer Vulkan«. Es gibt noch zwei große Ausnahmen, die Meyer-Werft in Papenburg an der Ems und die Kvaerner-Werft, früher Warnow-Werft, in Rostock. Aber die riesenhaften Tanker und Container kommen längst fast alle aus Korea, schon kaum noch viele aus Japan.

Drittes Beispiel: Noch zu Beginn unseres Jahrhunderts brauchten die Flying P-Liner der Hamburger Reederei Laeisz – das waren vier- und fünfmastige Segelschiffe – viele Monate von Hamburg nach Chile und abermals viele Monate für die Rückfahrt, um den Chilesalpeter nach Deutschland zu holen. Heute dagegen brauchen wir für einen Flug nach Santiago de Chile weniger als einen einzigen Tag. Und jeden Tag fliegen viele Airlines von Europa nach Chile.

Letztes Beispiel: Wir haben in jüngster Zeit miterlebt, wie in Indonesien Banken zusammengebrochen oder von Staats wegen geschlossen worden sind, wie in Japan eine große Bank und ein großes Investmenthaus geschlossen worden sind. Wir haben die Währungsturbulenzen in mehreren Staaten Südostasiens miterlebt. In all diesen Fällen hat es immer nur Sekunden gedauert, bis die Kurseinbrüche an der Aktienbörse in Tokio sich fortgesetzt haben in London oder in New York oder in Zürich oder in Amsterdam. Aber vor fünfzig Jahren hat noch kein Mensch in Amsterdam oder in Zürich sich vorgestellt, jemals japanische Aktien zu kaufen oder zu verkaufen, an ihnen Geld zu verdienen oder an ihnen Geld zu verlieren. Was wir heute erleben, ist ziemlich neuartig.

Diese vier Beispiele betrachte ich als signifikant für das, was man unter Globalisierung versteht. Zwar könnte man einwenden, diese Beispiele illustrierten doch eigentlich nur die altbekannte Tatsache, daß es eine Weltwirtschaft gibt; und Weltwirtschaft habe es schon immer gegeben, zu Marco Polos Zeiten, zu Vasco da Gamas Zeiten, zu Kolumbus' Zeiten – es sei also doch in Wirklichkeit nichts Neues.

Ich dagegen würde feststellen wollen: Tatsächlich haben wir im Laufe unseres 20. Jahrhunderts einen enormen Quantitätssprung und zugleich einen enormen Qalitätssprung in der Verflechtung und im Kontakt zwischen den fünf Erdteilen und zwischen den zweihundert Staaten der Welt miterlebt. Insgesamt ist die Welt des Jahres 2000 von der Welt des Jahres 1900 weit stärker verschieden, als etwa der Unterschied gewesen ist zwischen der Welt des Jahres 1900 und der des Jahres 1800: Die Entfaltung moderner Techniken des Verkehrs – nicht nur Flugzeuge, sondern auch Containerschiffe und riesenhafte Tanker –, moderner Techniken der Kommunikation, moderner Techniken des Handels und moderner Techniken der Finanzierung hat die Welt gewaltig verändert. Diese Entfaltung hatte sich im Laufe schon des 19. Jahrhunderts erheblich beschleunigt, sie hat sich im Laufe des 20. Jahrhunderts gewaltig beschleunigt, ganz besonders in der zweiten Hälfte unseres Jahrhunderts.

Diese Beschleunigung der technischen Entwicklung – in Klammern füge ich hinzu: die ganz weitgehend auf dem amerikanischen Militärhaushalt beruht – gilt eben nicht nur für die Mittel und Methoden der Kriegführung, sondern ebenso für viele andere, zivil genutzte Technologien, einschließlich der Medizin. Es ist übrigens eine direkte Konsequenz der amerikanischen militärischen Forschung und Entwicklung, daß jüngst eine Maschine, ein Computer, den gegenwärtig besten Schachspieler der Welt besiegt hat; das wäre undenkbar gewesen heute vor fünfzig Jahren. Zwar hat man jahrhundertelang Rosen geklont, mancherlei Nutzpflanzen, so zum Beispiel Apfelbäume und Birnbäume geklont; die Gärtner haben das Pfropfen genannt. Aber seit wenigen Monaten weiß man nun, wie Nutztiere geklont werden können – jedenfalls Schafe. Und heute müssen wir aufpassen und verhindern, daß eines Tages auch Menschen geklont werden. Alles das wäre vor fünfzig Jahren undenkbar gewesen.

Über Jahrhunderte war Latein die Sprache der europäischen Wissenschaft und der europäischen Bildung gewesen. Dann wurde Französisch eine paneuropäische Sprache, jedenfalls für die Politik und die Diplomatie. Heute ist es Englisch/Amerikanisch – und im Laufe des 21. Jahrhunderts wird das Chinesische auf der Welt eine viel wichtigere Rolle spielen als das Spanische oder gar das Deutsche und sogar eine wichtigere Rolle als das Französische.

Die Globalisierung bedarf global verstandener und global gesprochener Sprachen, und wenn jemand in 25 Jahren immer noch nicht mit einem Computer umzugehen wissen sollte, so wie ich gegenwärtig, so wird er sodann weder als Anwalt noch als Ärztin, weder als Ingenieur noch auch nur als Sekretärin oder als Hausfrau dem täglichen Leben gewachsen sein. Ich will hier nicht mißverstanden werden: Ich bin kein Futurologe, ich bin auch kein enthusiastischer Optimist, sondern ich versuche lediglich, die heute erkennbaren Entwicklungen aufzuzeigen. Damit sind bisher überhaupt keine Werturteile angedeutet; und auch über Risiken und Chancen habe ich noch kein Wort gesagt.

Ich will aber eines der allergrößten Risiken unserer unmittelbaren Zukunft deutlich an den Anfang stellen: Ich meine die weltweite Bevölkerungsexplosion. Zur Zeit des Rabbis von Nazareth lebten auf unserem Planeten 200 Millionen Menschen. Wir haben dann 19 Jahrhunderte gebraucht, um diese Zahl mit dem Faktor 8 auf 1600 Millionen Menschen zu steigern. Im Jahre 1900 lebten auf der Welt 1600 Millionen Menschen, 1,6 Milliarden. Aber im Jahr 2000 sind wir 6000 Millionen Menschen, 6 Milliarden – und mehr. In einem einzigen Jahrhundert haben wir dank der Entwicklungshilfe und der modernen Medizin Hungersnöte, Epidemien, Säuglingssterblichkeit und Müttersterblichkeit so weit zurückgedrängt, daß wir allein in diesem zwanzigsten Jahrhundert die Zahl der Menschheit global abermals um den Faktor 4 vergrößert haben. Und ein Ende dieser explosiven Entwicklung ist keineswegs abzusehen.

Man kann das auch anders ausdrücken und sagen, daß pro Kopf der bewohnbare, der verfügbare Raum im Laufe dieser 2000 Jahre auf ein Dreißigstel geschrumpft ist. Immer noch kann kein Mensch in der Antarktis oder auf dem Eis von Grönland leben. Der bewohnbare Raum schrumpft pro Person, er schrumpft und schrumpft. Die gegenwärtige Bevölkerungsexplosion vollzieht sich vornehmlich in Asien. Schon heute leben allein in China und Indien zusammen, in den beiden größten asiatischen Staaten, sehr viel mehr Menschen, als noch vor zwei Generationen auf der ganzen Welt gelebt haben. Die Explosion vollzieht sich auch in Lateinamerika, in Schwarzafrika; sie vollzieht sich nur zu ganz geringem Maße in Europa, in Nordamerika oder in Australien. Und diese Schrumpfung des für menschliches Leben nutzbaren Raumes pro Person wird sich weiterhin fortsetzen.

Man kann das auch anders ausdrücken und sagen: Noch nie waren die Menschen so eng zusammengedrückt wie heutzutage. Die am Rande der Unregierbarkeit existierenden Megacities – zum Beispiel Kairo, Mexico City oder Rio de Janeiro, zeitweilig auch schon Chicago – bezeugen die mit der Zusammenballung entstehenden gesellschaftlichen Probleme. Und diese Probleme wachsen zusätzlich wegen der zunehmenden ethnischen, religiösen und sprachlichen Durchmischung der Großstädte. Und zusätzlich zur Vermehrung der Menschheitszahlen kann es durchaus passieren, daß zukünftige Klimaveränderungen, zum Beispiel globale Erwärmung, den bewohnbaren Teil der Erdoberfläche nicht bloß relativ pro Person, sondern sogar absolut schrumpfen lassen.

Zwar findet etwa seit der Mitte unseres Jahrhunderts das Bevölkerungswachstum vor allem in anderen Erdteilen statt – ich habe sie genannt –, aber auch hier in Europa leben heute mehr Menschen als jemals zuvor. Zusätzlich entsteht jedoch ein Wanderungsdruck aus Afrika, aus dem Mittleren Osten und später vielleicht auch aus anderen Teilen Asiens in Richtung auf Europa. Denn in jenen Gebieten vermehrt sich die Bevölkerung rapide, und in vielen Fällen wächst das soziale Elend! Die modernen Möglichkeiten des Personenverkehrs haben die De-facto-Einwanderung sehr erleichtert; zudem hat Deutschland sich bei der Aufnahme von Flüchtlingen und Verfolgten als sehr großzügig erwiesen, viele Menschen aus dem Süden und dem Südosten haben das ausgenutzt. Heute leben etwa sieben Millionen Ausländer bei uns – möglicherweise ein Nährgrund für zukünftige Konflikte.

Deswegen an dieser Stelle ein ganz kurzer auf Europa bezogener Exkurs: Seit Beginn des Dreißigjährigen Krieges im Jahre 1618 haben wir bis 1945 drei Jahrhunderte lang blutige innereuropäische Kriege erlebt. Wer angesichts dieser Vorgeschichte und angesichts der weiter zunehmenden Ballung der Menschen für die

Zukunft den Frieden zwischen den Europäern für selbstverständlich hält, wer angesichts des Zustroms von außerhalb den Frieden mit den Nachbarn im Süden und Südosten für sicher hält, der ist ein bodenloser Optimist. Vielmehr muß der Friede, auch in unserem Kontinent, immer wieder neu gestiftet und immer wieder gepflegt werden.

Ich komme auf Europa noch einmal zurück. Aber ich möchte an dieser Stelle mit großem Nachdruck sagen: Der Friede in Asien und in Afrika bedarf zukünftig um so mehr der Pflege, weil dort der verfügbare Raum pro Person noch sehr viel schneller schrumpft als bei uns auf dem alten Kontinent.

Nun wird im Lauf der letzten beiden Jahrzehnte die Bevölkerungsexplosion überlagert – zum Teil wird sie auch verdeckt – durch die Globalisierung der Ökonomie und der Kommunikation. Zwar hat es schon seit Olims Zeiten interkontinentale Handelsströme gegeben – denken Sie an die Seidenstraße oder an die Araber und die Inder, die zur See gefahren sind, oder an die Wikinger. Zwar haben wir schon am Beginn unseres Jahrhunderts von Weltwirtschaft gesprochen, ein Wort, das es im 19. Jahrhundert nicht gegeben hatte. Aber selbst noch vor 25

Jahren haben wir unter dem Begriff Weltwirtschaft im wesentlichen die industrialisierten Staaten gemeint, die OECD-Staaten Nordamerikas, Westeuropas plus Japan und Australien. Der Rest der Menschheit lebte für uns entweder in der abgeschlossenen kommunistischen Welt, das war die Zweite Welt, oder aber in der sogenannten Dritten Welt, das waren die Entwicklungsländer.

Die Entwicklungsländer schienen dazu dazusein, uns Rohstoffe und Öl zu liefern und auch ein bißchen von unseren industriellen Erzeugnissen aufzunehmen. Zwar hat in den siebziger Jahren die OPEC uns zweimal sehr unsanft aus unseren illusionären Vorstellungen von der tatsächlichen Lage aufgeweckt, uns aus der Illusion geweckt, als ob die Entwicklungsländer ökonomisch bloß marginale Größen seien, eben Rohstofflieferanten. Aber auch als dann etwas später Südkorea, Taiwan, Hongkong oder Singapur als neue Industriestaaten auf den Plan getreten sind, haben wir sie etwas herablassend als »kleine Tiger« und nicht als vitale Wettbewerber aufgefaßt. Selbst die erste mexikanische Schuldenkrise hat in unseren Köpfen noch nicht die Erkenntnis unauflöslicher globaler ökonomischer Interdependenz ausgelöst.

Nun tritt neben die Explosion der Bevölkerung seit zwei Jahrzehnten eine zweite, gleichfalls explosionsartige Entwicklung hinzu. Denn im Vergleich mit der Welt vor zwanzig Jahren hat sich inzwischen die Zahl der Teilnehmer am weltwirtschaftlichen Austausch verdoppelt. Alle Nachfolgestaaten der Sowjetunion sind hinzugetreten, zusammen 300 Millionen Menschen. Alle früher Moskau unterworfen gewesenen Staaten im Osten Europas und Mitteleuropas, von Polen bis Slowenien oder Bulgarien, sind inzwischen hinzugekommen. Vor allem ist China mit 1200 Millionen Menschen voll und ganz Teilnehmer der Weltwirtschaft geworden. Vietnam ist auf bestem Wege, dies zu tun. Ganz Südostasien ist inzwischen in die Weltwirtschaft verflochten, und in schnellem Tempo folgen Indien und andere; beinahe alle weiteren asiatischen Staaten werden folgen.

Wichtig ist es zu erkennen, daß alle, wirklich alle neu hinzugekommenen Teilnehmer am weltwirtschaftlichen Austausch bereit sind, für niedrigere Löhne und niedrigere Gehälter und niedrigere Sozialleistungen zu arbeiten, als sie für uns hier in Westeuropa bisher üblich sind! Ich wiederhole dies, damit die Bedeutung dieses Satzes voll verstanden wird: Tatsächlich alle neu hinzugetretenen Teilnehmer sind bereit, für geringeren Lohn länger und härter zu arbeiten, als wir es gewohnt sind. Und sie sind fleißiger, und ihr Intelligenzquotient ist auch nicht kleiner als der unsere. Hier liegt eine der vielen Illusionen, die wir uns abschminken müssen, als ob wir überlegen seien! Oder mit anderen Worten gesagt: Sofern die Menschen in den neu hinzugetretenen Teilnehmerländern der Weltwirtschaft Güter herstellen oder Leistungen erbringen, welche den unsrigen gleichwertig sind, so sind diese jedenfalls billiger als die unsrigen. Deshalb wandern schrittweise Teile unserer Arbeitsplätze aus in jene Regionen der Welt. Deshalb sind schon vor Jahr und Tag unsere Schiffsbauarbeitsplätze ausgewandert, erst nach Japan und inzwischen von dort weiter nach Korea, weil die Koreaner billiger sind als die Japaner. Schon vorher waren unsere Textilindustrie oder unsere Schuhindustrie ausgewandert, dann unsere Kameraindustrie. Alle diese Arbeitsplätze sind ausgewandert nach Ostasien.

Aber das ist noch gar nicht das volle Bild. Die vorhin erwähnte weltweite Liberalisierung inklusive Handelsfreiheit, inklusive Niederlassungsfreiheit – auch für produktive Investitionen –, inklusive der Errichtung von produzierenden *joint ventures* in Billigkostenländern, alles das hat inzwischen auch eine früher niemals existente Beschleunigung der Ausbreitung des technischen Fortschritts hervorgebracht, Ausbreitung früher uns im Westen vorbehaltener technischer Fähigkeiten in jene Länder, die neu als Teilnehmer in die Weltwirtschaft eingetreten sind.

Um ein Beispiel zu geben: Als der Schotte James Watt anfangs des vorigen Jahrhunderts die Dampfmaschine entwickelt hatte, hat es anschließend mehr als einhundert Jahre gedauert, bis in China oder in dem damaligen Holländisch-Indien die Segelschiffe durch Dampfschiffe verdrängt waren. Ich habe erwähnt, daß man selbst in den zwanziger Jahren aus Hamburg noch mit Segelschiffen den Chilesalpeter aus dem Pazifik, rund um Kap Horn und über den Atlantik geholt hat. So lange hat es gedauert, bis die Dampfmaschine sich schließlich und endlich überall in der Schiffahrt durchgesetzt hat. Heute dagegen – Elektronik gibt es für uns erst seit 25 oder 30 Jahren – kommt längst modernste Elektronik aus Korea, von Autos ganz zu schweigen, heute dagegen kommt ein großer Teil der Software, die unsere Industrie oder die die Lufthansa für ihre Computersysteme benötigt, aus Indien, aus Bangalore. Heute liefert Indonesien, das wir als ein Entwicklungsland klassifizieren, zweimotorige Propeller-Passagiermaschinen ins Ausland. Und es wird nicht lange dauern, dann können die Chinesen nicht nur Propellermaschinen liefern, sondern Düsenflugzeuge, *wide body jet airplanes.*

Anders gesagt: Wir Europäer haben ganz erhebliche Teile unseres früheren technischen Vorsprungs eingebüßt; denn die Asiaten machen sich mit hoher Intelligenz und mit großem Fleiß die Ergebnisse unserer Wissenschaft, unserer Forschung, unserer Technologien zu eigen, und sie machen sie sich wirtschaftlich zunutze. Und inzwischen forschen sie selbst und entwickeln auch selbst, so daß nicht nur Produktionsarbeitsplätze auswandern, sondern auch Arbeitsplätze in Forschung und Entwicklung. Diese Auswanderung von Forschungs- und Entwicklungsarbeitsplätzen geschieht in besonders hohem Maße aus Deutschland heraus, nicht zuletzt wegen unserer bornierten Angstpsychosen, die uns eine Genehmigungsbürokratie beschert haben, die de facto auf vielen Feldern der Wirklichkeit eine Verhinderungsbürokratie geworden ist. Darauf komme ich noch einmal zurück.

Das Schiffsbaubeispiel illustriert eine allgemeine Erscheinung: Viel Investitionsgüter kommen heute aus Ländern mit niedrigen Löhnen, niedrigeren Sozialleistungen und damit niedrigeren Sozialabgaben. Zwar sind zunächst die erfinderischen Leistungen in Europa und in Amerika erbracht worden, aber schon seit dreißig Jahren kommt auch aus Japan Spitzentechnologie. Ich rede nicht von High-Tech, ich rede von Spitzentechnologie, der Spitze von High-Tech. Es wird nicht lange dauern, dann wird Spitzentechnologie auch aus China kommen, später auch aus Indonesien und aus Indien. Wir haben das alles bei langlebigen Konsumgütern früher schon erlebt. Wir haben es jüngst erlebt zum Beispiel bei Compact discs und bei CD-Plattenspielern. Die etwas Älteren haben es erlebt bei den Faxgeräten. Zwar liefern wir Deutschen und wir Europäer immer noch Güter von hervorragender Qualität. Aber auf vielen Feldern der modernsten Spitzentechnologien haben wir Europäer in den letzten Jahrzehnten die Führung verloren. Wir haben die Führung abgegeben an Nordamerika, zum Teil an Japan; und zunächst werden wir sie weiterhin abgeben an unsere asiatischen Wettbewerber, zum Beispiel auf dem Felde der Gentechnologie.

Zugleich mit diesem technischen Führungs-
verlust und zugleich mit dem Verlust an Arbeitsplätzen – vornehmlich industriellen Arbeitsplätzen –, die nach Asien, zum Teil nach
Amerika und zum Teil, seit der Wende, auch in
die östliche Hälfte Europas ausgewandert sind,
zugleich mit der daraus resultierenden, heute
fast ganz Westeuropa überdeckenden Massenarbeitslosigkeit als einer der Konsequenzen der
Globalisierung erleben wir ein völlig anderes,
aber ebenso neuartiges Phänomen: Ich rede von
der Revolution auf den Finanzmärkten, den
Währungsmärkten, den Aktienbörsen, von der
Revolution im Kredit- und Versicherungsge-
werbe schlechthin.

Anfang der siebziger Jahre haben die USA
dem Weltwährungssystem von Bretton Woods,
das aus dem Jahre 1944 stammte, den Dollar und
dessen Gold-Einlösepflicht als den Grundstein
des Systems entzogen. Seitdem erlebt die Welt
einen Verlust der Außenwertstabilität, nicht nur
des Dollars, sondern fast aller Währungen der
Welt, einschließlich der D-Mark. 1970 war der
Dollar beinahe noch vier D-Mark wert, dann ist
er gesunken bis auf eine Mark siebzig, dann ist
er kurzfristig unter dem Eindruck von Reagans
großartigen Versprechungen und Visionen – Il-

lusionen! – wieder gestiegen bis auf beinahe drei Mark fünfzig, und dann ist er wieder abgesunken auf bis unter eine Mark vierzig, und heute steht er bei einsachtzig.

Wenn Sie von zwischenzeitlichen Schwankungen einmal absehen, haben wir es damit zu tun, daß der Dollar gegenüber der D-Mark stetig an Wert verloren hat, oder umgekehrt, daß die D-Mark ständig teurer geworden ist. Wir haben seit fast dreißig Jahren keinen stabilen Außenwert der D-Mark, sondern die D-Mark ist stetig teurer geworden! Für fast alle Währungen der Welt sind schwere Wechselkursschwankungen zu verzeichnen, wobei die relativen Auf- und Abwertungen große Kursrisiken geschaffen haben – nicht nur für den Handel, sondern auch für die Lieferung langlebiger, komplizierter Investitionsgüter, für alle Güter, die nicht sofort geliefert werden können. Man kann sich gegen solche Risiken – allerdings unter erheblichen Kosten – absichern mit Hilfe sogenannter Devisentermingeschäfte.

Aber inzwischen haben sich diese Devisentermingeschäfte verselbständigt. Es werden heute weltweit jeden Tag fünfzig- bis hundertmal so umfangreiche Finanzgeschäfte in *futures*, in *options*, in *swaps* und dergleichen getätigt, fünfzig- bis hundertmal so groß wie der Umfang des gesamten Welthandels am gleichen Tage – des Welthandels in Gütern und Leistungen.

Wir erleben eine Globalisierung des Spekulationismus. Ein vergleichbares Ausmaß von Spekulation hat es vorher niemals gegeben. Und fast gleichzeitig mit diesem weitgehend spekulativen Handel mit sogenannten *financial derivatives* hat sich eine auf Spekulation beruhende Geschäftigkeit entwickelt, auf den *real estate*-Märkten für Grundstücke und Gebäude und ebenso auf den Aktienmärkten. Das ging von den USA aus und hat dann in der Mitte der achtziger Jahre auf Japan übergegriffen und auf andere Staaten, auch auf Deutschland. Gleichzeitig damit hat sich die auch in Amerika zunächst entstandene Tendenz zu grandiosen Fusionen, auch zu *unfriendly takeovers* ganzer Industriekonzerne, ganzer Banken ausgebreitet.

Die in jüngster Zeit nicht zustande gebrachte, aber viel besprochene Übernahme von Thyssen durch Krupp, die Fusion der Bayerischen Vereinsbank mit der Bayern Hypo oder zwischen der Allianz und der AGF in Frankreich oder der Kauf eines großen, weltweit tätigen Investmenthauses in London durch die Deutsche Bank in Frankfurt oder eines anderen

Investmenthauses in London durch die Dresdner Bank – das sind alles nur Beispiele, Signale oder Symptome dafür, wie stark sich diese Mentalität auch bei uns ausbreitet. Ich nenne sie Raubtierkapitalismus, man könnte auch von Sozialdarwinismus reden.

Gleichzeitig damit breitet sich eine Mehrzahl sozial rücksichtsloser neuer Ideologien aus. Ein Schlagwort will ich nennen, das für alle anderen dieser neuen rücksichtslosen Ideologien steht: *shareholder value*. Es gibt in der Tat Manager – Investmentbanker, industrielle oder finanzielle Manager –, die sich selbst einreden, daß der Wert, den eine Aktie für den Aktienbesitzer hat – und das ist im wesentlichen die erwartete Wertsteigerung, die sich vollzieht durch steigende Aktienkurse, weniger durch die Dividende (aber die spielt dann auch noch eine Rolle) –, daß die Steigerung des Aktienkurses das eigentliche Aktionsfeld, die eigentliche Zielsetzung ihres unternehmerischen Handelns zu sein habe. Sie propagieren diese Maxime, sie agieren ihr entsprechend – und gleichzeitig erzielen sie damit auch ganz schöne Bonifikationen für sich selbst, zusätzlich zu ihrem eigentlichen Gehalt. In vielen Fällen geht es in Wirklichkeit gar nicht so sehr um den Wertzuwachs für die Aktionäre,

sondern vielmehr um die persönlichen Bonifikationen der Manager – am schlimmsten auf
dem Felde des Handels mit Wertpapieren, vor
allem mit *financial derivatives*, und auf dem Felde
der Investmentbanken.

Ganz unabhängig von einer moralischen
Bewertung dieses Phänomens muß man die
Gefahr konstatieren, daß unter der obersten
Maxime des Wertzuwachses für den Aktienbesitzer die Verpflichtungen gegenüber den Kunden der Gesellschaft oder gegenüber den Mitarbeitern, der Belegschaft der Gesellschaft, ins
Hintertreffen geraten können. Insbesondere geraten ins Hintertreffen die Pflichten gegenüber
dem eigenen Land. Wenn etwa der *shareholder
value* zum obersten Prinzip aller deutschen
Unternehmungen und aller deutschen Banken
gemacht würde, dann zum Beispiel müßte der
Aufbau Ost in den fünf ostdeutschen Bundesländern scheitern. Er wäre schon gescheitert,
wenn dieses Prinzip bereits im Jahre 1990 All-
gemeingültigkeit gehabt und unverändert All-
gemeingültigkeit behalten hätte.

Die heute Globalisierung genannte Entwicklung der Weltwirtschaft in den letzten Jahrzehnten – ich wiederhole es – beruht nicht nur
auf der modernen Entfaltung von Techniken des

Verkehrs, der Telekommunikation, der Finanzierung – sie beruht auch auf dem Siegeszug der Liberalisierung des Geldverkehrs und des Kapitalverkehrs. Es ist ganz legal, wenn ein Düsseldorfer oder ein Hamburger sein Geld im Ausland anlegt, zum Beispiel in Luxemburg oder in Monaco – oder auch in Shanghai oder in Hongkong. Es ist in den meisten Fällen auch durchaus sogar legal, wenn sie dort für ihre Einkommen geringere Steuern zahlen als in Düsseldorf oder Hamburg. In manchen Fällen ist es ganz legal, überhaupt keine Steuern zu zahlen. (Ich füge hinzu, daß in vielen Fällen skandalöserweise auch illegal Steuern hinterzogen werden. Das steht auf einem anderen Blatt.)

Heute können große, international handelnde oder international produzierende Konzerne durchaus legal einen Teil ihrer Gewinne in solchen Ländern entstehen lassen, in denen sie geringere Steuern zu zahlen haben als zu Hause in Frankreich oder in Deutschland. Oder mit einem anderen Wort: Die Globalisierung, die weltweite Liberalisierung ermöglichen ihnen eine erhebliche, ganz legale Steuervermeidung im eigenen Lande. Und weil sie unter Wettbewerbsdruck stehen, machen sie Gebrauch von diesen Möglichkeiten, und man kann es ihnen nicht verdenken.

Das führt gleichzeitig dazu, daß die Globalisierung die nationalen Regierungen und die Parlamente in ihrer Souveränität beschneidet, insbesondere in ihrer Steuersouveränität. Das wird ganz besonders deutlich in solchen Fällen, in denen kleine Staaten oder auch nur einzelne Regionen, einzelne kleine Inseln es geradezu darauf anlegen, durch niedrigere Steuern oder durch eine entgegenkommende oder nur ganz oberflächliche Bankaufsicht ausländisches Kapital anzulocken; der Name Bermuda steht hier für viele andere Beispiele. Die ökonomische Globalisierung führt zwar langsam, aber doch deutlich zu einem ökonomischen Kompetenzverlust der nationalen Regierungen.

Dem steht auf der anderen Seite eine Steigerung des Lebensstandards in den sich neu industrialisierenden Staaten gegenüber, die neu Teilnehmer der Weltwirtschaft geworden sind. Diesem Anstieg des Lebensstandards, zum Beispiel in den Küstenprovinzen Chinas, steht nun nicht nur die Tendenz zur Auswanderung unserer Arbeitsplätze gegenüber, sondern auch eine Tendenz zur Absenkung des realen Lebensstandards der Massen. Man kann auch sagen:

Wir erleben eine beiderseitige Angleichung der Lebensstandards; Angleichung einerseits zu Lasten der alten Industriestaaten und andererseits zugunsten derjenigen neuen Industrie- oder Schwellenländer, die sich selbst zur Benutzung moderner Techniken und zur Ausnutzung der Weltmärkte befähigen.

Ich will an dieser Stelle auf ein drittes globales Phänomen unserer Tage und des kommenden Jahrhunderts hinweisen. Neben die unerhörte Bevölkerungsexplosion, von der ich gesprochen habe, und neben die Globalisierung in Ökonomie und Technologie tritt drittens eine neuartige, bisher weitgehend verkannte Konstellation von Weltmächten. Amerikaner glauben, sie seien die einzige Weltmacht, und geben sich große Mühe, das noch für die nächsten Jahrzehnte zu bleiben. Sie irren sich: Wer nach Korea fährt oder nach Japan, nach Jakarta oder Bangkok oder Singapur, nach Manila oder Neu-Delhi, der wird dort hören, daß man dort selbstverständlich China schon heute für eine Weltmacht hält. Wir Europäer werden etwas länger brauchen, um das zu begreifen, die Amerikaner werden vielleicht noch länger brauchen.

Und natürlich ist und bleibt auch Rußland eine Weltmacht, selbst dann, wenn es weitere

Jahrzehnte, selbst wenn es noch ein halbes Jahrhundert von schrecklichen Konvulsionen geplagt würde, selbst wenn es sehr, sehr lange dauern würde, bis Rußland sich ökonomisch und politisch konsolidiert – so bleibt es doch eine Weltmacht. Stellen Sie sich bitte vor: Als heute morgen an der pazifischen Ostküste Rußlands die Sonne unterging, da war sie in Petersburg noch gar nicht aufgegangen, so riesenhaft ist dieses Land. Es steckt voller Bodenschätze, nicht nur Öl und Erdgas, aber eben auch sehr viel Öl und Erdgas; das meiste davon ist überhaupt noch nicht exploriert, geschweige denn bereits ausgebeutet. Dazu kommt, daß dieses Land immer noch weit über zehntausend nukleare Waffen in seinem Besitze hat. Es scheint mir sehr empfehlenswert, auch für das kommende Jahrhundert Rußland als Weltmacht zu begreifen.

Es sind also drei Weltmächte: die USA, China und Rußland. Möglicherweise kann man Japan als halbe Weltmacht hinzuzählen – nämlich als Finanzweltmacht, als größten Netto-Kapital-Exporteur der Welt. Es wird nicht lange dauern, vielleicht zwei Jahrzehnte, dann wird man sich daran gewöhnen, auch Indien als Weltmacht anzusehen – immerhin heute ein Staat von 900

Millionen Menschen. Und vielleicht dauert es dann noch ein oder zwei weitere Jahrzehnte, bis man begreifen wird, daß Indonesien mit heute 200 Millionen Menschen, Brasilien mit weniger als 200 Millionen als Weltmächte ins Gewicht fallen.

Im Verhältnis zu diesen Mächten sind mittlere Staaten in Europa wie das Vereinigte Königreich oder wie Frankreich oder Italien oder Deutschland oder Polen oder Spanien oder kleinere Staaten wie Holland oder Belgien oder Schweden oder Dänemark wirklich eine mindere Kategorie, was das Gewicht angeht.

Es gibt zur Zeit keine klare Rußland-Politik der Amerikaner; jedenfalls ist sie für die Leute in Moskau unklar – für mich übrigens auch. Es gibt keine klare China-Politik Amerikas, jedenfalls ist die amerikanische China-Politik für die Leute in Peking nicht klar zu erkennen. Aber umgekehrt – es gibt auch keine klare USA-Politik der Moskowiter unter Boris Jelzin und keine klare Amerika-Politik der Chinesen unter Jiang Zemin. Alle müssen sich an die neue Konstellation erst gewöhnen. Gleichwohl denke ich, daß es ganz unwahrscheinlich ist, daß wir zu Beginn des kommenden Jahrhunderts, in den nächsten zehn, zwanzig, dreißig Jahren einen

Krieg zwischen den Weltmächten erleben werden. Wohl aber werden wir eine größere Zahl von kleineren Kriegen, sogenannte begrenzte Kriege, erleben, nicht nur in Ossetien oder Tschetschenien oder in Berg-Karabach, sondern auch in Zentralasien, auch im Mittleren Osten, auch in Afrika – vielerlei ethnisch oder religiös inspirierte Kriege.

In diesem Zusammenhang will ich auf ein viertes Phänomen hinweisen, das für die ganze Welt als Gefahr, als Gefährdung ernst genommen werden muß – sagen wir ein denkbares Phänomen, das man als Gefahr ernst nehmen muß. Ich spreche von der Gefahr eines *clash of civilizations*, wie Samuel Huntington formuliert hat. Jemand, der sagt, ein umfassender Zusammenstoß des Westens mit dem Islam sei unausweichlich – dem darf man einen Vogel zeigen. Aber jemand, der sagt, dies sei eine große Gefahr – dem muß man zuhören. Es gibt heute etwas mehr als eine Milliarde Muslime auf der Welt, dazu etwas mehr als eine Milliarde Christen, wobei im Schnitt die Muslime besser und tiefer gläubig sind und ihrer Religion stärker anhängen als wir sogenannten Christen. Dazu kommen mindestens anderthalb Milliarden Menschen von stark konfuzianischer Prägung; dazu etwas weniger als eine Milliarde Hindus, dazu kommen die Buddhisten und viele andere.

Die Gefahr von Zusammenstößen zwischen religiös inspirierten Fundamentalisten ist nicht von der Hand zu weisen. Sie ist besonders groß in Zentralasien, im Transkaukasus, in Südwestasien, im Mittleren Osten einschließlich der Türkei, in vielen Regionen Afrikas, von Algerien bis nach Somalia oder Nigeria. Aber sie ist eben auch handgreiflich in Marseille oder in London oder in Berlin oder in Rostock. Sie ist in unserem eigenen Lande bereits handgreiflich. Und dabei können – ich nehme ein Beispiel wie Bosnien – dann ethnisch bedingte Unterschiede ein zusätzliches Gewicht erlangen. Ebenso können ökonomische oder soziale Konflikte oder ökonomische oder soziale oder politische Bedrückung eine große Rolle spielen.

Wenn man zum Beispiel den malaiischen Ministerpräsidenten Mahathir – er ist noch länger im Amt als Helmut Kohl –, wenn man ihn über asiatische Werte sprechen hört und über den Gegensatz zwischen asiatischen Werten und den Werten der westlichen Welt – er ist ja keineswegs der einzige in Asien, der so spricht –, dann steckt darin einerseits ein erheblicher Wahrheitskern, aber andererseits dient die starke und immer wiederholte Betonung des Gegensatzes zwischen asiatischen und westlichen Werten natürlich auch der innenpolitischen Konsolidierung.

Der Versuch innenpolitischer Konsolidierung mittels außenpolitischer Konfrontation ist nun weiß Gott keine malaiische Erfindung, den hat es seit Jahrtausenden gegeben – jedenfalls in Europa war er immer gang und gäbe. Kulturelle und religiöse Konfrontation nicht nur als Motiv, sondern auch als Instrument des innenpolitischen wie des außenpolitischen Machtkampfes hat es fast immer und überall in der Geschichte gegeben. Religiöse und kulturelle Toleranz war in der Geschichte äußerst selten. Heute muß man insbesondere die Konflikte zwischen Hindus und Muslimen, zwischen Muslimen und Israelis, zwischen Muslimen und Europäern, das heißt zwischen Muslimen und uns sogenannten Christen, ernsthaft in Betracht ziehen.

Tatsächlich wissen wir, die Bürger der europäischen Staaten, vom Islam so gut wie überhaupt nichts. Und die Menschen im Irak oder im Iran oder in Algerien oder in der Türkei, in Libyen oder in Syrien verstehen ganz genauso wenig vom christlich geprägten Europa. Viele von ihnen empfinden unsere Menschenrechtspropaganda oder unsere Demokratiepropaganda als im wesentlichen machtpolitische Instrumente zur Aufrechterhaltung westlicher ökonomischer oder politischer Dominanz.

Das gilt besonders auch für die politischen Führer Chinas, es gilt für breite, seit Jahrtausenden konfuzianisch geprägte Schichten der neuen Weltmacht China. Und je mehr zum Beispiel Washington — oder auch wir — gegenüber China auf Menschenrechtsvorwürfen herumreiten, um so mehr kann man die mögliche Gefahr eines *clash of civilizations* heraufbeschwören. Diese Gefahr war gering, solange China unter Mao Zedong abgeschlossen von der Welt isoliert gewesen ist. Aber seit der Öffnung Chinas wächst die Gefahr, weil eben mit der Öffnung, mit der Globalisierung zugleich eine kategorisch verbreitete sozialökonomische Konkurrenz eingesetzt hat.

So wird also in Zukunft der Friede in hohem Maße auch von der kulturellen und religiösen Toleranz abhängen, welche die Nationen einander gegenüber in Zukunft aufbringen. Das ist ein ganz großes Thema. Wir Europäer haben keinen guten Ruf auf diesem Felde. Was wir uns allein an Kreuzzügen geleistet haben — mit der Bibel in der einen und dem Schwert in der anderen Hand –, das war finsterer, brutaler Fundamentalismus. Die heute Globalisierung genannte, derartig intensiv niemals vorher dagewesene gegenseitige ökonomische Abhängigkeit der Menschen, der Nationen, der Staaten auf einem immer enger werdenden Raum, enger als jemals in der Geschichte, bringt neben den strategischen, den ökonomischen, den sozialen Gefährdungen eben auch geistige, religiöse Gefährdungen mit sich. Ich komme darauf im dritten Teil zurück.

Hier will ich im Hinblick auf die gegenwärtigen sozialökonomischen Sorgen abschließend die ursächliche Bedeutung der Globalisierung etwas qualifizieren. Wenn man die ökonomische und die soziale Misere der deutschen und der europäischen Massenarbeitslosigkeit betrachtet, dann wäre es allerdings ein Fehler, sie aufzufassen als allein durch die Globalisierung verursacht. Tatsächlich liegen vielerlei Gründe vor: Der eingefressene Schlendrian völlig undurchsichtig gewordener Steuersysteme, der Schlendrian ähnlich undurchsichtig gewordener sozialer Sicherungssysteme, die fulminante Überregulierung nicht nur in Deutschland, auch in Frankreich, auch in Italien – Italien ist allerdings glücklicher dran, dort braucht man nicht alle

Paragraphen wirklich zu befolgen –, Überregulierung durch Zigtausende von Paragraphen und Genehmigungserfordernissen, ein Wust aus Arbeitsrecht, Tarifverträgen, arbeitsgerichtlicher Rechtsprechung.

Die Gründe liegen aber auch in der relativen Vernachlässigung der naturwissenschaftlichen Grundlagenforschung und der ingenieurwissenschaftlichen Spitzenforschung, in der relativen Vernachlässigung der industriellen Entwicklung und der Spitzentechnologien durch die Unternehmungen, die zum Teil sich allzu lange konzentriert haben auf den Gewinn von heute statt auf die Leistung von übermorgen.

Man kann zusammenfassend sagen, daß die politischen Klassen in Westeuropa und daß auch Teile der Managerklassen allzu lange am Althergebrachten festgehalten haben – und übrigens die öffentlichen Meinungen ebenso. Die ökonomische Globalisierung der Märkte, der energische, hochdynamische Eintritt der Tschechen, der Polen, der Ungarn, der Chinesen, der Indonesier, der Thais, der Malaysier, der Inder und vieler anderer, hat uns allerdings Wettbewerbsbedingungen auferlegt, denen gegenüber wir allzu lange allzu behäbig geschlafen haben.

Theoretisch könnte man sagen, wir hätten nur zwei Möglichkeiten: Entweder befähigen wir uns zu Produkten und Leistungen, welche die anderen einstweilen noch nicht anbieten können, oder wir nehmen Arbeitslosigkeit und damit einen Verfall unseres Lebens- und Sozialstandards in Kauf.

Es gibt einige, die meinen naiverweise, man könnte doch die Grenzen dichtmachen und uns gegen Importe abschotten; aber jene Menschen übersehen, daß wir damit gleichzeitig unsere Exporte abschneiden, das heißt, daß wir mehr als ein Drittel unserer industriellen Arbeitsplätze aufs Spiel setzen würden, oder anders gesagt: Wer den Ausweg in der Autarkie suchen wollte, der endete im Ergebnis bei der Alternative der Hinnahme weiterer Arbeitslosigkeit und weiteren Verfalls unseres realen Lebensstandards. Wenn ich hier von uns spreche, so meine ich uns Westeuropäer, nicht nur uns Deutsche.

Welche tatsächlichen Schritte nötig sind, um die erste Alternative zu verwirklichen, die Alternative, uns zu befähigen zu Leistungen, die wir gegenwärtig nicht erbringen, darauf gehe ich in Teil zwei meiner Überlegungen ein.

# II

# Politische und ökonomische Herausforderungen

Im ersten Teil habe ich versucht, die Phänomene der Globalisierung darzustellen. Die Stichworte waren: Explosion der Weltbevölkerung, Verdoppelung der Teilnehmer an der Weltwirtschaft innerhalb weniger Jahre; Beschleunigung sowohl des technischen Fortschritts als auch Beschleunigung seiner Ausbreitung über die Welt, das nie vorher jemals erreichte Maß an Liberalisierung nicht nur des Handels, sondern auch der Niederlassungen, insbesondere aber des Geld- und des Kapitalverkehrs, Tendenz zur Angleichung des Lebensstandards zugunsten der neuen und zu Lasten der alten Teilnehmer der Weltwirtschaft, zumal über die Auswanderung von Arbeitsplätzen; sodann ging es um die für den Beginn des neuen Jahrhunderts sich abzeichnende neue Konstellation von Weltmächten. Zum Schluß kam der Hinweis auf die Tatsache, daß die heutige Misere der europäischen und der deutschen Massenarbeitslosigkeit keineswegs von der Globalisierung allein verursacht ist, sondern daß daneben vielerlei Versäumnisse in Politik und Wirtschaft wichtige ursächliche Rollen spielen.

Ich will nun auf die politischen und sozialökonomischen Konsequenzen eingehen, die wir Europäer und wir Deutschen aus unserer ziemlich unerfreulichen Lage zu ziehen haben. Im dritten Teil werde ich dann die kulturellen Konsequenzen behandeln.

Die in Entstehung begriffene Konstellation der Weltmächte, welche die ersten Jahrzehnte des neuen Jahrhunderts charakterisieren wird, hat sich schon in unseren neunziger Jahren, die wir gegenwärtig durchleben, dahin ausgewirkt, daß ein zusätzliches, ein geradezu zwingendes Motiv für den europäischen Zusammenschluß sichtbar geworden ist. Weshalb? Weil die kleinen und mittleren Staaten Europas, zu denen auch Deutschland zu zählen ist, weil wir jeder allein und auf sich gestellt seine Interessen gegenüber den Giganten der Weltpolitik nicht ausreichend wahren können. Nehmen Sie als Beispiel die weltweite Klimakonferenz von Kyoto im Herbst 1997. Dort ging es darum, um wieviel oder auf welches geringere Maß die einzelnen Staaten innerhalb ihrer Grenzen die Emissionen

von Treibhausgasen herabsetzen sollen. Zwei
Weltmächte, nämlich die USA und China,
sperrten sich; und wenn nicht die Staaten der
Europäischen Union gemeinsam aufgetreten
wären, so hätten jene beiden Großen die europäischen kleinen und mittleren Staaten über
den Löffel barbiert; gleichwohl sind die USA
mit Verpflichtungen noch allzu gut weggekom-
men, wie mir scheint – aber ich bin kein
Fachmann. Dergleichen wird sich in den kommenden Jahrzehnten auf vielen Feldern erneut
abspielen.

Wer nun auf die 48 Jahre europäischer Integration zurückblickt – 48, weil im Mai 1950
der Schuman-Plan verkündet wurde, auf den
der erste Integrationsschritt zurückgeht, nämlich die Schaffung der Europäischen Gemeinschaft für Kohle und Stahl (EGKS) –, der kann
fünf oder sechs schwere Krisen des europäischen Integrationsprozesses erkennen. Aber er
kann auch den Grund für die Überwindung all
dieser Krisen erkennen: Der Grund liegt im
Bewußtsein von gemeinsamen strategischen
Prinzipien, die zu verfolgen im eigenen nationalen Interesse der beteiligten Staaten liegt.

Das erste Prinzip war die Einbindung
Deutschlands in einen größeren Zusammen-

hang und – weil das nicht geht ohne die Einbindung Frankreichs – ebenso die Einbindung Frankreichs. Vorweg spielte noch eine Rolle das prinzipielle Motiv der Bildung einer Barriere gegen Stalins Expansionismus und gegen kommunistische Infektionen – dieses Motiv spielt gegenwärtig keine Rolle mehr. Das zweite strategische Prinzip wurde erst im Lauf der fünfziger Jahre langsam deutlich, nämlich die kategorischen ökonomischen Vorteile des größeren Marktes, zum erstenmal bewußt gemacht in den Römischen Verträgen von 1957; der ökonomischen Vorteile wegen sind Länder wie zum Beispiel Dänemark, Schweden, Finnland oder Österreich beigetreten. Schließlich ist neuerdings das dritte strategische Prinzip der Selbstbehauptung hinzugetreten, die gegenüber den zukünftigen oder heute schon als Weltmächte anzusehenden drei Staaten nur gemeinsam möglich ist.

Die europäische Integration, zur Zeit fünfzehn Staaten umfassend, ist ein in der geschriebenen Geschichte der Menschheit völlig einmaliges Unterfangen. Es hat schon immer große Zusammenschlüsse gegeben, aber immer unter dem Daumen eines militärischen Eroberers. So zur Zeit des alten Ägypten, so im Zweistromland, so zur Zeit Alexanders des Großen oder zur Zeit des Römischen Weltreiches, so zur Zeit von Dschingis Khan, von Kublai Khan, so zur Zeit von Napoleon oder später durch Hitler oder durch die japanische Militärdiktatur; immer unter Zwang, als Folge von Eroberungen. In Europa geschieht heute etwas Einmaliges: Hier schließen sich zunächst sechs, dann neun, dann zwölf, dann fünfzehn, demnächst noch mehr Staaten aus eigenem Entschluß zusammen. Das geht nur schrittweise. Jeder bringt seine eigene Sprache mit, jeder bringt seine eigene nationale Identität mit, will sie auch bewahren, jeder bringt seine eigene Geschichte mit und will sie nicht vergessen. Es geht infolgedessen nur langsam und unter Inkaufnahme von Krisen — ich will die Krisen nicht aufzählen, die wir schon hinter uns haben.

Jetzt schaffen wir uns eine gemeinsame Währung. Aber dann fehlt immer noch eine gemeisame Außenpolitik, immer noch fehlt eine gemeinsame Sicherheitspolitik. Und außerdem stehen wir vor der Notwendigkeit, daß eine Reihe von Staaten im Osten Mitteleuropas beitreten will und auch beitreten soll; dabei werden auf allen Seiten die damit verbundenen Schwierigkeiten einstweilen weit unterschätzt.

Wir stehen auch vor der Aufgabe, daß, ehe die Gemeinschaft von 15 auf 22 und später vielleicht auf noch mehr Mitgliedsstaaten ansteigt, erhebliche Schritte zur Entbürokratisierung und zur Demokratisierung der Gemeinschaft notwendig sind. Das alles kostet viel Zeit, bisher also knapp fünf Jahrzehnte. Es wird weitere Jahrzehnte brauchen, bis das Gebäude vollständig ist. Die Europäische Union wird erst tief im ersten Viertel des neuen Jahrhunderts eine voll handlungsfähige Weltmacht sein − wenn inzwischen alles gutgeht.

Die gemeinsame Währung Euro ist der jetzt durch den Maastrichter Vertrag vorbereitete und gebotene Schritt auf dem Wege der Integration, nicht schon der letzte Schritt; andere Schritte müssen folgen. Einem Irrtum allerdings darf man heute nicht anheimfallen: Die gemeinsame Währung wird keineswegs die europäische und die deutsche Massenarbeitslosigkeit beseitigen, sie wird sie zunächst nicht einmal verringern, sondern die gemeinsame Währung Euro wird ihre heilsamen ökonomischen Wirkungen nur langsam und nur im Laufe der Zeit entfalten.

Bleiben wir einen Augenblick bei dem Euro. Er bringt eine Reihe von Vorteilen mit sich. Die

Risiken dagegen werden bei weitem übertrieben, insbesondere von deutschen Politikern und vom deutschen Bundesbankpräsidenten, die vier Jahre lang so getan haben, als ob nicht etwa die Arbeitslosigkeit, sondern vielmehr der Euro das Kardinalproblem der EU sei. Sie haben die Risiken weit übertrieben. Ich jedoch bin ganz sicher, daß wir eine innere Stabilität der neuen Währung erleben werden, das heißt geringe Inflationsraten, nicht schlechter als in den Jahrzehnten, in denen wir in D-Mark gedacht und gehandelt und gezahlt haben. Ich bin auch sicher, daß wir zweitens eine größere Außenwertstabilität des Euro haben werden, eine größere Stabilität der Wechselkurse des Euro gegenüber anderen Währungen in der Welt, als wir sie mit der D-Mark in den letzten dreißig Jahren erlebt haben. Die D-Mark ist – die Älteren werden sich erinnern – ursprünglich relativ weniger wert gewesen, zum Beispiel gegenüber dem amerikanischen Dollar; wir mußten vier DM auf den Tisch legen für einen amerikanischen Dollar, heute nur noch etwa eine Mark und achtzig. Über dreißig Jahre ist die D-Mark (mit *ups* und *downs* dazwischen) stetig aufgewertet worden, und wir haben die damit einhergehende Verteuerung unserer Exporte nur teilweise durch Rationalisierung unserer Produktion ausgleichen können. Die ständige Aufwertung der D-Mark ist einer der mehreren Gründe für das Auswandern von Arbeitsplätzen. In Zukunft wird der Euro nicht in demselben Maße die vereinigten Volkswirtschaften innerhalb des Gemeinsamen Marktes einer ständigen Aufwertungstendenz aussetzen.

Die gemeinsame Währung bringt auch Kostenvorteile mit sich. Wenn Sie sich vorstellen, daß Sie mit tausend Mark in der Tasche in Düsseldorf starten, morgens früh mit dem ersten Flugzeug nach Mailand fliegen, umtauschen in Lira, von dort nach Madrid, umtauschen in Peseta, dann in Escudos, in französische Francs und so weiter – Sie kommen abends wieder zurück, haben nirgendwo einen Pfennig ausgegeben, sondern immer nur umgetauscht, aber wenn Sie dann abends in Düsseldorf Ihr Geld zählen, haben Sie noch fast genau die Hälfte – die andere Hälfte ist in der Hand der Banken. Das ist zwar ein etwas phantastisches Beispiel, weil keiner von uns eine derartige Reise unternehmen wird. Aber es demonstriert die Bedeutung, welche heute noch die Transferkosten des Handels innerhalb des Gemeinsamen Marktes ausmachen.

Zusätzlich zu den Transferkosten gibt es Währungsrisiken. Es kann Ihnen passieren, daß Sie auf Urlaub fahren in ein anderes Land, Sie haben Ihr Geld umgetauscht in die Landeswährung, und nun haben Sie davon etwas übrigbehalten und bringen es wieder mit nach Hause, und jetzt stellt sich heraus, es ist nicht mehr so viel wert wie vor drei Wochen, als Sie losgeflogen sind. Dieses sogenannte Währungsrisiko ist für jemanden, der für ganze drei Wochen nach Mallorca reist, durchaus erträglich.

Ganz anders für jemanden, der Maschinen liefert, die heute bestellt werden, aber erst in zwei Jahren geliefert werden können, oder der Flugzeuge liefert, die heute bestellt werden. Das erste Flugzeug wird in drei Jahren geliefert und das fünfzehnte oder das vierundzwanzigste erst im Jahre 2007, aber der Preis wird heute verabredet; und die Fluggesellschaft, an die DASA die Flugzeuge verkauft, ist im Markt stark genug zu sagen, ich zahle aber nicht in D-Mark, ich zahle in Dollar, ich verlange einen Dollarpreis. Da können wir uns gewaltig in den Finger schneiden, weil möglicherweise dann, wenn das letzte Flugzeug geliefert wird und die letzte Rate im Jahre 2007 fällig ist, die die amerikanische Airline bezahlen soll, der Dollar gar nicht mehr so viel wert ist wie heute – er ist ja auch schon einmal bei einer Mark vierzig gewesen –, und dann haben wir uns gewaltig geschnitten. Wir haben unsere Löhne, unsere Kosten in D-Mark bezahlt, wir haben uns ausgerechnet, wie viele Dollars wir kriegen müssen fürs Flugzeug, getauscht in D-Mark, um unsere Kosten zu finanzieren, und nun plötzlich kriegen wir vielleicht vierzig Pfennig weniger pro Dollar: ein riesenhaftes Währungsrisiko, viel größer als bei dem Mallorca-Reisenden, weil es sich über lange Zeiträume erstreckt.

Gegen ein solches Währungsrisiko kann man sich allerdings versichern, indem man im Vorwege heute Dollars für das Jahr 2007 kauft, aber zum heutigen D-M-Kurs. *Hedging* nennt man das, Wechselkurs- oder Währungssicherung. Die kostet natürlich viel Geld. Aber diese Kosten fallen in Zukunft weitgehend weg; einerseits wird es zwischen den Teilnehmerstaaten der gemeinsamen Euro-Währung überhaupt keine Wechselkursrisiken mehr geben, gegen die man sich versichern müßte. Und andererseits ist einer der Vorteile des Euro, daß er nach zwei, drei Jahren seiner Existenz, wie ich vermuten möchte, ungefähr das gleiche Gewicht haben wird wie der amerikanische Dollar und daß dann die Wechselkursschwankungen gegenüber dem Dollar-Raum wesentlich kleiner sein werden als bisher.

Heutzutage ist fast die Hälfte aller Währungsreserven der Welt in Dollars angelegt. Ich vermute, daß in den ersten drei, vier, fünf Jahren der gemeinsamen Währung ein erheblicher Teil der Währungsreserven dritter Staaten aus dem Dollar herausgenommen und statt dessen in Euro angelegt werden wird. Das gleiche wird gelten für private Anleger. Insgesamt wird also die überragende Bedeutung, die der Dollar heute hat, erheblich reduziert. Das ist einer der Gründe, weswegen die Amerikaner mit wachsendem Unmut beobachten, daß der Euro tatsächlich zustande kommt, und weswegen einige von ihnen uns am laufenden Bande in der *New York Times* und anderswo erzählen wollen, warum dieser Euro eine ganz falsche Idee sei.

Nun denke ich, daß wegen dieses zukünftigen Gewichts des Euro die Europäische Zentralbank und die EU, die dahintersteht, tatsächlich nach fünf, sechs, sieben Jahren – jedermann ist inzwischen dann überzeugt, daß der Euro eine stabile, zuverlässige Währung sein wird – stark genug sein werden, um gegenüber Washington und gegenüber Tokio Regulierungen in Sachen Währung und Regulierung von internationalen Finanzmärkten herbeiführen zu können. Ich gebrauche nicht das Wort »erzwingen«, denn natürlich geht dergleichen nur im Einvernehmen, aber es braucht auch einen ganz erheblichen Druck auf Washington. Wir hatten einmal ein System fester Wechselkurse, das haben 1971/72 die Amerikaner aus ihrem Interesse zu Fall gebracht. Aber das Ausmaß von globalem Spekulationismus in Sachen Währungskursen, das seither eingetreten ist, hatte die Menschheit vorher niemals erlebt. Dieser Spekulationismus hat zerstörerische Wirkungen − siehe Japan, Korea, fast ganz Südostasien heute! Es kommt für alle darauf an, diese zügellose Spekulation wieder einzudämmen! Dazu ist eine kräftige Europäische Zentralbank eine notwendige Voraussetzung und ein ganz großer Vorteil für uns Europäer.

Gegenwärtig allerdings erleben wir seit Jahren das Gegenteil von Regulierung internationaler Finanzmärkte, wir erleben seit Jahren eine zuätzliche weltweite Deregulierung der Finanzmärkte, eine zusätzliche Liberalisierung. So hat es im Herbst 1997 eine internationale Vereinbarung gegeben im Rahmen der WTO, der World Trade Organisation, die darauf hinausläuft, weltweit die nationalen Grenzen für Finanzgeschäfte und für finanzielle Dienstleistungen weiter zu öffnen als schon bisher, insbesondere unter dem Druck Amerikas, aber auch unter dem Druck der Europäischen Union. Ich betrachte dergleichen mit einiger Skepsis; jedenfalls erscheint mir die Euphorie, die man heute auch vom deutschen Finanzminister hört, reichlich voreilig. Denn ich meine die Gefahr zu erkennen, daß der *Catch-as-catch-can*-Konkurrenzkampf in den Finanzmärkten der Welt, in den Währungsmärkten, auf den kurzfristigen Geldmärkten, auf den Märkten der *financial derivatives*, auf den Anlagemärkten, daß dieser Spekulationismus sich weiter ausbreiten und damit eine zusätzliche Stufe der Globalisierung betreten wird.

Als ob die Welt – nach den Krisen in Mexiko, jüngst in Indonesien, Thailand, Malaysia, Korea und in Japan – immer noch nicht genug gelernt habe! So wie im internationalen Seeverkehr sich langsam, aber sicher auf der ganzen Welt gemeinsam akzeptierte Verkehrsregeln und Sicherheitsvorschriften durchgesetzt haben, so wie noch viel umfassender im Luftverkehr, so braucht auch der internationale Geld- und Kapitalverkehr Regeln. Er braucht Aufsicht und Kontrolle. Wir kennen bei uns Bankaufsicht und Versicherungsaufsicht. Aber die deutsche Bankaufsichtsbehörde oder die deutsche Versicherungsaufsichtsbehörde können schon lange nicht mehr einen vollen Überblick bewahren über alle internationalen Operationen der privaten Finanzinstitute. Das gleiche gilt für die Bankaufsichtsbehörden in den USA, das gleiche gilt für die Bankaufsichtsbehörden in England oder in der Schweiz oder in Luxemburg.

Eklatant haben die Bankaufsichtsbehörden in Japan versagt, wo eigentlich fast alle großen Banken nach deutschem Bilanzrecht Konkurs anmelden müßten oder nach amerikanischem Konkursrecht *chapter eleven* für sich beantragen müßten. Das heißt: Schon bisher haben die nationalen Bankaufsichtsbehörden ihre Aufgabe nicht mehr ganz erfüllen können – wegen des immer wichtiger werdenden Zweiges der internationalen Kreditvergabe und des immer undurchsichtiger werdenden Zweiges des Geld- und Wertpapierhandels, einschließlich der Spekulation. Im Laufe der neunziger Jahre sind die international gewährten privaten Kredite auf mehr als das Doppelte gestiegen, nur in diesem einen Jahrzehnt, das noch gar nicht zu Ende ist. Das internationale Geschäft in Papieren aller Art spielt eine immer größere Rolle.

Zudem sehen wir in diesem Zusammenhang überall Größenwahn und Gigantismus am Werke. Ich meine nicht etwa den Zusammenschluß zwischen der Bayerischen Hypothekenbank und der Bayerischen Vereinsbank, obwohl man da auch seine Zweifel haben kann – wem nützt das eigentlich? –, aber ich weise hin auf den Zusammenschluß zweier großer, angesehener schweizerischer Banken; und alle deutschen Zeitungen schreiben dann, das sei eine Herausforderung für die Deutsche Bank, denn die sei bisher Nummer 2 in der Welt, und nun rutsche sie ab auf Nummer 3. Es ist typischer Größenwahn, der hier durch die Feder von Journalisten propagiert wird. Als ob es darauf ankäme, Nummer 2 oder 1 zu sein! Es kommt darauf an, als Bank solide zu sein, nicht aber darauf, eine Riesenbilanzsumme oder ein Riesenkreditvolumen auf dem Papier vorzeigen zu können.

Fast alle Großbanken haben sich inzwischen in London oder in New York Investmenthäuser gekauft. Der Zusammenschluß von privaten Banken mit großen Versicherungen steht bevor, mit Lebensversicherungen insbesondere; ein schönes Schlagwort gibt es auch dafür: Allfinanz nennt sich das. Nur am Rande will ich erwähnen, daß jeder Bankenzusammenschluß natürlich auch die Freisetzung von Tausenden von Mitarbeitern mit sich bringt.

Ein großes Risiko scheint mir zu liegen in der Kombination von einerseits enormen Finanzkräften der Institute mit andererseits einer sehr kurzfristigen Gewinnmotivation und spekulatven Grundattitüde und drittens mit einem weltweiten Operationsfeld jedes dieser Institute. Dieses transnationale, globale Feld entzieht sich zunehmend der Kontrolle durch nationale Aufsichtsbehörden, letztlich auch der Kontrolle durch Regierungen und Parlamente.

Ich will in diesem Zusammenhang die Prognose wagen, daß wir binnen eines Jahrzehntes erleben werden, wie die Regierungen sich ganz ernsthaft bemühen werden um die Schaffung internationaler Aufsichtsinstanzen, zumal weder der Internationale Währungsfonds IMF noch die Weltbank für diese Aufgaben geeignet sind; es wird eine zwangsläufige Konsequenz der finanziellen Globalisierung sein. Gegenwärtig fehlt es dazu noch an der Einsicht. Wenn dann die Einsicht erwachen wird, so wird die Europäische Union bei der Verwirklichung internationaler Regeln und Kontrollen eine wichtige Rolle zu spielen haben. Es würde mich auch nicht wundern, wenn man dann zurückzukeh-

ren versuchte zu einem System fester Wechselkurse, jedenfalls zwischen Dollar und Euro und
Yen – und andere würden sich anhängen, wie
der Schweizer Franken zum Beispiel, möglicherweise auch die chinesische Währung, die im
Laufe der nächsten zwanzig Jahre gewaltig an
Gewicht gewinnen kann.

Nun will ich von dem Felde der privaten
Finanzwirtschaft hinüberwechseln auf das viel
wichtigere Feld des Arbeitsmarktes. Weder die
weitere Zukunft der privaten Finanzwirtschaft
noch die Zukunft des Euro ist gegenwärtig ein
Hauptproblem der deutschen Volkswirtschaft;
vielmehr liegt das gegenwärtige Hauptproblem
in der strukturellen Massenarbeitslosigkeit, die
wir in diesem Ausmaß seit den frühen dreißiger Jahren in Deutschland nicht erlebt haben.
Damals ist die Massenarbeitslosigkeit eine der
Hauptursachen für den Zusammenbruch des
ersten deutschen Demokratieversuchs geworden. Heute ist eine Rekordarbeitslosigkeit ähnlich wie bei uns auch in Frankreich, in Italien, in
Spanien und so weiter gegeben – fast überall in
Westeuropa ähnlich wie bei uns.

Mich speziell nun auf Deutschland konzen-
trierend, möchte ich betonen: Unsere Arbeitslosigkeit hat mehrere, vielleicht sogar viele Ur-

sachen zugleich. Man kann diese Ursachen zu drei großen Gruppen zusammenfassen: Die erste Gruppe besteht aus mehreren Kardinalfehlern, die wir nach der geglückten politischen Vereinigung leider in verblendetem Optimismus bei der ökonomischen Vereinigung der beiden deutschen Nachkriegsstaaten gemacht haben: Ich rede von dem Umtausch der alten Ostmark in D-Mark bei gleichzeitiger Aufwertung um zweihundert Prozent; keine Industrie der ganzen Welt kann eine solche Aufwertung ertragen, ohne kaputtzugehen. Ich rede von der überstürzten, zum Teil dilettantischen Privatisierung; kein Ossi konnte sich einen ostdeutschen Betrieb kaufen, denn woher hätte er das Kapital nehmen sollen? Infolgedessen sind von hundert Betrieben 99 in die Hände westdeutscher Bürger gelangt, und statt der erhofften Zigmilliarden, welche die Bundesregierung von der Privatisierung für ihre Kassen erwartet hatte, hat sie sich durch die Treuhandanstalt und ihre Nachfolger belastet mit ungefähr vierhundert Milliarden D-Mark zusätzlicher staatlicher Schulden. Ich will die anderen Kardinalfehler nicht alle nennen; denn es hat keinen Zweck, darum zu weinen — das ist verschüttete Milch, keiner dieser Fehler ist revidierbar. Wir können nur herauswachsen aus den Konsequenzen dieser Fehler — dann müssen wir aber auch wachsen! Diese Gruppe der Gründe für unsere deutsche Arbeitslosigkeit, insbesondere in den sechs östlichen Bundesländern, spielt in den anderen Partnerstaaten der EU keine Rolle.

Die zweite Gruppe von Ursachen der Arbeitslosigkeit liegt auf dem breiten Feld des politischen, des gesetzgeberischen, auch des unternehmerischen hausgemachten Schlendrians der letzten Jahrzehnte. Darüber wird noch im Detail zu sprechen sein. Diese Ursachen liegen ähnlich ebenso in Frankreich, in Italien usw. vor.

Die dritte Gruppe von Arbeitslosigkeitsursachen besteht aus Folgen der Globalisierung, insbesondere die Außenverlagerung von Arbeit oder die Auswanderung von Arbeitsplätzen, die ich im ersten Teil geschildert habe.

Nun gibt es Führungspersonen in der Politik, auch in der Privatwirtschaft, die sich mit den Ursachen unseres Arbeitslosigkeitsyndroms nicht länger aufhalten wollen, nicht — medizinisch gesprochen — mit der Anamnese, nicht mit der Diagnose der mehreren Krankheiten, sondern die statt dessen eine Generaltherapie im Sinn haben. Diese Generaltherapie hatte früher den Namen *deficit spending*. Der Kern der Idee ist: Wenn der Staat im großen Stile zusätzlich Geld ausgibt für Arbeitsbeschaffungsprogramme oder für Investitionsprogramme oder wenn er in großem Stil auf bisherige Steuereinnahmen verzichtet und einen Teil seiner Ausgaben über Kredite finanziert, dann müssen daraus neue Arbeitsplätze entstehen.

Dieser Gedanke stammt von John Maynard Keynes in den frühen dreißiger Jahren. Keynes hatte damals auch recht. Zum Beispiel haben Schacht und Hitler 1933/34 und 35 diesen Gedanken sehr erfolgreich verfolgt. Aber damals war Deutschland fest gegen die Weltwirtschaft abgeschottet: Autarkie war das Schlagwort, es herrschte Devisenzwangswirtschaft, ein allgemeiner Preisstopp und Lohnstopp waren verordnet. Das waren selbstverständlich Begleittherapien von Hjalmar Schachts *deficit spending*, das in der Tat Arbeitsplätze geschaffen hat – nach dem Autobahnbau übrigens im wesentlichen und mit der dicken Hauptmasse in der Aufrüstung; ich muß das nicht näher in Erinnerung rufen.

Anders als damals sind wir heute mit mindestens einem Drittel, vielleicht mit zwei Fünfteln aller unserer Arbeitsplätze eng in die Weltwirtschaft verflochten. Anders als 1933 sind wir heute als Staat bereits so hoch verschuldet, daß wir uns eine wesentlich höhere Verschuldung nicht mehr zusätzlich leisten können – nicht etwa nur wegen des Maastrichter Vertrages, der die Gesamtverschuldung des Staates auf sechzig Prozent des Bruttosozialprodukts begrenzen wollte, sondern vor allem, weil wir den enorm gewachsenen Zinsendienst, den wir ja aus Steueraufkommen zu leisten haben, nicht mehr leisten könnten. Ähnlich ist die Situation in Frankreich, ähnlich in Italien, ähnlich in Belgien und in anderen westeuropäischen Staaten.

Heute steht einer Therapie mittels *deficit spending* entscheidend die Tatsache entgegen, daß höhere Staatsausgaben und höhere Staatsverschuldung keineswegs die weitere Auswanderung von Arbeitsplätzen stoppen können. Eher würden wir im Gegenteil mit großen Programmen dieser Art weiterhin ausländische Arbeitnehmer nach Deutschland hereinziehen. Aus all diesen Gründen machen nach meinem Urteil auch grandiose Steuersenkungskonzepte keinen Sinn, wie sie zum Beispiel von der Bonner Koalition vertreten worden sind; ich rufe in Erinnerung, daß der Regierungsentwurf zu einem Steuerreformgesetz 1999, im Juni 1997 vorgelegt, die deutschen Steuerzahler netto um 33

Milliarden D-Mark Einnahmen entlasten wollte. Der Staat wollte auf 33 Milliarden D-Mark verzichten, aber von Ausgabenstreichungen im gleichen Ausmaß war nicht die Rede. Ähnlich scheinen mir große Arbeitsbeschaffungsprogramme zu Lasten von wachsenden Defiziten keinen Sinn zu machen, wie sie etwa von Mitgliedern der Brüsseler EU-Kommission oder von Sozialdemokraten vorgeschlagen worden sind, nicht zuletzt von der sozialdemokratisch geführten Regierung in Frankreich.

Ich habe auf diesem Felde meine eigenen Erfahrungen machen müssen. Als in den siebziger Jahren zweimal die OPEC – die Organisation of Petrol Exporting Countries – im Zusammenhang mit dem vierten israelisch-arabischen Krieg aus politischen Gründen das Rohöl verknappte und die Öl- und die Gaspreise explodieren ließ, mit der Folge beträchtlicher allgemeiner Preisinflation und beträchtlicher Arbeitslosigkeit in all den Staaten, die vom Ölimport abhängig waren, da haben wir in Bonn mit zusätzlichen, staatlich finanzierten Investitionsprogrammen zwar den weiteren Anstieg der Arbeitslosigkeit verhindern, nicht aber die Arbeitslosigkeit wieder wesentlich absenken können.

Dann kam 1979 die zweite Ölpreisexplosion. Die Amerikaner, Präsident Carter insbesondere, haben damals von uns verlangt, wir sollten massive, defizitfinanzierte Programme auflegen, um die Weltwirtschaft aus der Rezession zu ziehen. Sie erinnern sich vielleicht an das Schlagwort Lokomotivtheorie – wir Deutschen und die Japaner, wir sollten gemeinsam als Lokomotive die Weltwirtschaft aus der Rezession ziehen. Wir haben uns damals diesem Druck nicht gebeugt. Aber schon damals war jedenfalls denjenigen Amerikanern klar, welche die Lokomotivtheorie erfunden haben, daß ein massives deutsches *deficit spending* der ganzen Welt draußen zugute gekommen wäre. Aber wir Deutschen allein hätten nachher die Zinsen aufbringen müssen für die zusätzlichen Kredite; wir allein hätten für die Zinsen die dafür notwendige zusätzliche Steuerlast zu tragen gehabt.

Wenn also, wie ich gezeigt habe, das vermeintliche Generalrezept *deficit spending* für uns heute nicht taugt, welche anderen Rezepte gegen die Arbeitslosigkeit sind denn dann notwendig? Ich nenne sieben der wichtigsten Rezepte oder der wichtigsten Therapien, aber keine von ihnen reicht alleine aus. Jede dieser sieben Theorien benötigt Zeit zur Verwirklichung – und noch mehr Zeit, bis die Therapie sich in der Volkswirtschaft tatsächlich positiv auswirkt. Alle Therapien zusammen dienen dem Zweck, die initiativen und die innovativen Kräfte in unserer Gesellschaft wieder freizusetzen, die heute allzusehr gefesselt und eingezäunt sind. Ich füge hinzu, in Frankreich, in manchen anderen unserer EU–Partnerländern ist die Lage ähnlich wie bei uns in Deutschland, und deshalb sind dort ähnliche Rezepte oder Konzepte wünschenswert.

Ich nenne als erstes die Notwendigkeit der Deregulierung, der Ausdünnung der Gesetze. Wir Bürger unseres Staates haben uns leider daran gewöhnt, daß wir durch ein für uns undurchschaubar gewordenes öffentliches Recht an vielen Ecken und Kanten eingeengt sind. Neulich wollte ich das meiner Frau und mir seit 39 Jahren gehörige kleine Sommerhäuschen am Brahmsee in Schleswig-Holstein statt der Asbestplatten, mit denen es von außen verkleidet war, und statt des Asbestdaches endlich mit anständigen Ziegelsteinen umkleiden und mit anständigen Dachpfannen. Es stellte sich heraus, daß ich dazu eine Baugenehmigung brauchte; die Zeichnung mußte in dreifacher Ausfertigung eingereicht werden, es mußte ein Gutachten eines Statikers eingeholt werden, der Nachbar mußte in dreifacher Ausfertigung bestätigen, daß er mit dem neuen Anblick einverstanden sein würde. Schließlich hat die Behörde alles genehmigt, sie hat keine Schwierigkeiten gemacht. Es hat nur viel Geld und Zeit gekostet – und hat mir die Augen geöffnet über den Blödsinn im Baugesetzbuch.

Das Baugesetzbuch hat 1731 Seiten, bedruckt nur mit Paragraphen. Oder das Umweltschutzgesetzbuch: 600 Seiten auf Dünndruckpapier – nur Paragraphen. Auf die Paragraphen des Steuerrechts, des Sozialrechts, des Arbeitsrechts will ich noch kommen. Alles will in Deutschland in endlosen Paragraphen geregelt sein – sonst sind wir nicht glücklich.

Mein Friseur ist neulich in Rente gegangen. Eine junge Friseuse hat den Laden übernommen. Sie mußte von Gesetzes wegen Mitglied der Innung und Mitglied der Handwerkskammer werden und ihre Beiträge bezahlen. Wozu eigentlich? Wenn sie mir die Haare falsch schneidet, gehe ich nicht wieder hin. Deshalb braucht sie doch nicht beaufsichtigt zu werden! Ich habe einmal einem tüchtigen Hauptschüler, der Elektroniker ist und der sich selbständig machen wollte, mit einem kleinen Kredit geholfen.

Nach ein paar Jahren traf ich ihn wieder und habe ihn gefragt: »Wie geht's Dir denn?« Da hat er mir erzählt, was er produziert. Ich frage darauf: »Wieviel Leute beschäftigst Du inzwischen?« – »Leute beschäftigen?« sagt er, »das mache ich allein, meine Frau führt die Bücher.« Er hat Angst davor, daß er, sowie er jemanden einstellt, es mit tausend Vorschriften zu tun hat, die er nicht durchschauen kann, die er gar nicht kennen kann.

Nehmen wir alle diese Zwangsmitgliedschaften in Industrie- und Handelskammern, obendrüber thront der Deutsche Industrie- und Handelstag und macht große Wirtschaftspolitik und große Steuerpolitik – alles im Namen derjenigen, die Zwangsmitglieder seiner Kammern sind. Das ist Fortsetzung des Mittelalters.

Oder schauen wir auf die Dauer der Gerichtsverfahren in Deutschland. Ich rede nicht von den Strafverfahren, ich rede vom Zivilverfahren vor dem Amtsgericht, ich rede vom Arbeitsgericht. Sie sind beide ziemlich entwertet in Deutschland; früher war ein Amtsrichter eine bedeutende Figur, heute schämt er sich zu sagen, daß er am Amtsgericht tätig ist. Jedes zweite Verfahren geht in die nächste Instanz; und jede Instanz pinselt ganz sorgfältig ihre Begründung, in der Hoffnung, möglichst zu vereiteln, daß ihr Urteil in der nächsten Instanz aufgehoben wird. Wir haben uns auf der Grundlage unserer Gesetze ein Gerichtswesen geschaffen, das ich am besten dadurch charakterisieren kann, daß ich davon berichte, wie meine Vaterstadt Hamburg – keine zwei Millionen Menschen – ebenso viele hauptamtliche Richter beamtet beschäftigen muß wie ganz England zusammen! Und das dürfte in Düsseldorf und anderswo ähnlich sein. Das ist aber nicht die Schuld der Regierenden in Düsseldorf oder in Hamburg. Das ist unser aller Schuld, genauer gesagt die Schuld von fünfzig Jahren Gesetzgebung in Bonn seit 1948/49. Und es waren Demokraten, die alle Gesetze gemacht haben!

Da gibt es in Bonn ein Arbeitsgremium, das nennt sich »Schlanker Staat«, das hat jetzt seinen Abschlußbericht, 600 Seiten, vorgelegt. Zufällig ist mir gleichzeitig damit eine Rechtsverordnung des Bundesministers für Ernährung, Landwirtschaft und Forsten in die Hand gekommen, sie steht im Bundesgesetzblatt, Teil 1, Nr. 74. Die Verordnung beginnt: »Artikel 1: Die Pflanzenbeschauverordnung vom 10. Mai 1989 (Bundesgesetzblatt 1, S. 905), zuletzt geändert durch Verordnung vom 21. Februar 1996 (Bundesgesetzblatt 1, S. 232), wird wie folgt geändert: in § 6, Absatz 3, Satz 2 wird die Angabe ›durch Aufdruck oder Stempeln‹ durch die Angabe ersetzt ›durch Aufdrucken oder Stempeln‹.«

Derartigen Schwachsinn, gedruckt im Bundesgesetzblatt, kann man dort tausendfältig wiederfinden. Und nicht dieser eine arme Bundesminister, der den Unfug unterschrieben hat, sondern alle Minister – auch alle meiner Regierung vor fünfzehn oder zwanzig Jahren – denken immer wieder, alles müsse in Deutschland geregelt werden.

Neulich habe ich den Bundesjustizminister fragen lassen, wie viele Paragraphen von Bundes wegen in Deutschland gelten. Antwort: ungefähr 84 000. Aber genau könne man es nicht sagen, denn jede Woche kämen neue hinzu. Aber gezählt wurden hier nur die Paragraphen der Bundesgesetze und der Bundesrechtsverordnungen – nicht etwa TA Luft oder TA Wasser oder die Durchführungserlasse des Finanzministers oder des Ernährungsministers usw. Es gibt niemanden in Deutschland, der das ganze Dickicht durchschauen kann. Wenn man sich die Gesetzentwürfe anguckt, dann steht auf jedem neuen Gesetzentwurf ausdrücklich vorne drauf: Alternativen gibt es nicht.

Ich denke, derjenige, der Paragraphen aufhebt, erwirbt sich ein Verdienst; umgekehrt: Wer neue Paragraphen dazufügt, wer neue Metastasen schafft, der müßte eigentlich öffentlich bloßgestellt werden, eigentlich müßte er geprügelt werden. Als ich auf die Notwendigkeit von Verkehrsregeln im internationalen Finanzverkehr hingewiesen habe, ist hoffentlich niemand auf die Idee gekommen, ich sei ein Anhänger des Prinzips, generell alles zu regulieren. Im Gegenteil: Was wir brauchen in Deutschland, ist, daß wir uns mehr verlassen auf die Eigenverantwortung der Person. Die eigene Verantwortung zum Beispiel des Bauherrn Schmidt, der sein Sommerhäuschen am Brahmsee modernisieren wollte. Warum mußte vorher eine Genehmigungsbehörde mitwirken? In vielen Fällen sind die Genehmigungsbehörden Verhinderungsbehörden! Soll doch der Architekt oder der Bauherr oder der Handwerker, der den Dachstuhl nicht anständig aufsetzt, im Falle eines Schadens zum Schadensersatz herangezogen werden. Und soll er sich doch deswegen eine Haftpflichtversicherung anschaffen. Weswegen müssen wir dafür soundso viele Beamten beschäftigen? Wir beschäftigen diese Beamten mit ziemlich unproduktiver Tätigkeit. Vor allem aber lähmen wir die Initiative der privaten Bürger. Wir brauchen dringend eine umfassende Ausdünnung unserer Gesetze, eine lange Liste von Streichungen und Vereinfachungen!

Das führt mich zu dem zweiten Feld. Nicht nur im Verwaltungsrecht, sondern in der staatlichen Aufgabenstellung insgesamt haben wir weit übertrieben, insbesondere bei den Aufgaben des Bundes. Mit zwei, drei Ausnahmen sind alle Bundesländer finanziell so eingeengt und so ausgehöhlt – durch Bundesgesetzgebung zum Finanzausgleich, durch Bundessteuergesetzgebung, durch Rahmengesetze und durch ungezählte andere ausgabenträchtige Gesetze des Bundes –, daß sie keinen eigenen finanziellen Spielraum für eigene Politiken mehr haben. Sie sind finanziell entmündigt. Sie kriegen bestimmte Prozentsätze von der Einkommensteuer, von der Körperschaftssteuer, von der Mehrwertsteuer, sie müssen den und den Beitrag zum horizontalen Finanzausgleich zahlen – wenn es arme Länder sind, kriegen sie was aus dem horizontalen Finanzausgleich. Der Bund mischt sich überall ein, ohne daß er es prinzipiell wirklich gewollt hat. Es hat sich im Lauf der Jahre so ergeben; heute finden sie in Bonn gar nichts dabei, ein Bundesgesetz zu machen, das den Städten und Gemeinden vorschreibt, Kindergärten zu errichten – egal, ob die Städte dafür das Geld haben oder nicht. Der Bund soll nur das regeln, was die Länder nicht regeln können! Und die Länder sollen nur das regeln, was die Kommunalpolitik nicht regeln kann!

Wir haben einen großen Fehler gemacht – während der Großen Koalition war das –, als wir 1968 ins Grundgesetz drei sogenannte Gemeinschaftsaufgaben hineingeschrieben haben, das heißt: Aufgaben, deren Lösung Bund und Länder gemeinschaftlich auferlegt ist, übrigens auch unter gemeinschaftlicher Finanzierung. Eine davon war der Hochschulausbau. Wenn heute an einer Hochschule ein neues Hörsaalgebäude gebaut werden soll, dann müssen sowohl die Landesregierung als auch die Bundesregierung mitwirken. Das heißt, nicht die ganzen Regierungen, auch nicht die ganzen Minister, sondern einige kleine Bürokraten unter dem jeweiligen Minister. Der Bürokrat ist aber sehr wichtig. Er nimmt sich auch sehr wichtig; er ist sehr verantwortungsbewußt, er will wirklich keinen Fehler machen. Deswegen arbeitet er sorgfältig, und das heißt langsam. Alle drei grundgesetzlichen »Gemeinschaftsaufgaben« haben überflüssige staatliche Doppelarbeit und damit doppelte

Langsamkeit verursacht, ein typischer Fall von überflüssigen Staatsaufgaben!

Oder nehmen wir die Staatsaufgaben auf dem Felde der Subventionen, vor allem wiederum Subventionen durch Bundesinstanzen. Insbesondere die konsumorientierten Subventionen müssen weg, mindestens müssen sie schrittweise verringert werden. Ich gebe auch hier ein Beispiel, diesmal nicht die Hochschule, sondern diesmal die Landwirtschaft. Die deutschen Landwirte erzeugen pro Jahr etwa 25 Milliarden D-Mark Nettowert (Nettowertschöpfung). Und was fließt der deutschen Landwirtschaft an Subventionen aller Art einschließlich steuerlicher Vorteile a) durch Brüssel, b) durch Bonn und c) noch ein bißchen durch die jeweiligen Länder zu? Abermals rund 25 Milliarden DM! Die Konsequenz dieser fabelhaften Subventionitis ist, daß wir mehr Lebensmittel erzeugen, als wir wirklich essen. Und daß wir manches billig durch die EG ins Ausland verschleudern, zum Beispiel die Butter nach Rußland, um sie loszuwerden.

Oder ein weiteres Beispiel für die Notwendigkeit, Staatsausgaben abzubauen: Weil die Länder zu Hause nicht mehr viel zu sagen haben, machen sie alle Außenpolitik. Alle 16 deutschen

Bundesländer haben sich eine diplomatische Vertretung in Brüssel bei der Kommission der Europäischen Union angeschafft; jetzt fehlt bloß noch, daß die Städte Krefeld oder Neumünster auch eigene Botschafter nach Brüssel entsenden. Das ist die Kompensation der Landesregierungen für die Bewegungslosigkeit, für die Manövrierunfähigkeit zu Hause. Es ist aber natürlich Unfug. Der Staat insgesamt muß seine Aufgaben begrenzen. Der Anteil des Staates am Sozialprodukt, die sogenannte Staatsquote, ist insgesamt zu hoch – und sie wirkt keineswegs sonderlich produktiv.

Das führt mich zum dritten therapeutischen Feld: Wenn man die Aufgaben des Staates und seine Aufgaben begrenzt, dann kann man allerdings auch die Steuern senken, aber nicht umgekehrt, nicht in umgekehrter Reihenfolge! Die Steuern sind noch undurchsichtiger als alles, was ich bisher angedeutet habe. Es gibt keinen Vorstandsvorsitzenden einer großen Aktiengesellschaft, und es gibt keinen Handwerksmeister mit zwölf Beschäftigten, der das seine Firma betreffende steuerliche Umfeld so überschauen kann, daß er allein Entscheidungen treffen kann. Es ist für jede Firma völlig unmöglich, daß einer allein das Feld der steuerlichen Bedingungen übersehen und beurteilen kann. Wenn es sich um eine größere Firma handelt, dann braucht der Chef nicht nur einen Vorstandskollegen, der für die Finanzen zuständig ist; er braucht eine Finanzabteilung, er braucht außerdem noch einen Steuerberater, einen Wirtschaftsprüfer und einen Steueranwalt.

Tausende von Paragraphen, insbesondere in der Einkommen-, Lohn- und Körperschaftssteuer, völlig undurchsichtig gewordene Formulare! Wenn hier unter uns einer einkommensteuerpflichtig ist, der ist von Gesetzes wegen verpflichtet, seine Einkommensteuererklärung selbst zu unterschreiben; aber keiner, der hier sitzt, kann genau verstehen, was er unterschrieben hat. Dazu kommt die Konfusion der Steuergesetzgebung – da werden nicht nur dauernd neue Paragraphen hinzugefügt oder geändert, sondern es geht auch wirklich kopflos zu.

Ich gebe ein Beispiel: Am 3. Oktober 1990 haben wir versäumt, dem deutschen Volk zu sagen, die Vereinigung kostet aber Opfer; wir haben versäumt, den Deutschen eine zusätzliche Steuer aufzuerlegen. Damals wurde im Gegenteil erklärt: Das macht alles der Markt. Dreiviertel Jahr später, im Sommer 1991, haben wir dann doch einen Solidaritätszuschlag eingeführt, siebeneinhalb Prozent auf die Steuerschuld obendrauf. Der Soli war zeitlich auf zwölf Monate begrenzt, bis zum 30. Juni 1992. Dann hat sich bald gezeigt, daß man das Geld doch braucht; deshalb wurde der Soli am 1. September 1995 wieder eingeführt. Und jetzt will die Regierung im Steuerreformgesetz 1998 ihn absenken, er soll nicht mehr siebeneinhalb, sondern nur noch fünfeinhalb Prozent betragen. Rein in die Kartoffeln, raus aus den Kartoffeln ...

Die Steuerpolitik ist zugleich das Feld für einen vierten therapeutischen Ansatz: Die in den letzten Jahren wild ins Kraut geschossenen Steuerschlupflöcher müssen wieder geschlossen werden. Sie haben alle möglichen Abschreibungsmodelle provoziert, mit denen man ganz legal vermeiden kann, Einkommensteuer zu zahlen. So ist im Laufe der letzten fünf Jahre das jährliche Aufkommen an Einkommensteuer auf ein Zehntel abgesunken! Dagegen ist ein überquellendes Angebot an leerstehenden Bürobauten entstanden. Erst wenn die Bezieher hoher Einkommen überhaupt wieder Steuern zahlen, erst dann macht der Streit über Spitzensteuersätze einen praktischen Sinn.

Eines der Felder, die ursächlich sind für die Fesselung der Bürger und die Fesselung der

Unternehmen – einschließlich der Einzelhändler und der Handwerker –, ist das Arbeitsgesetzbuch oder die Inflexibilität des Arbeitsmarktes – wiederum Tausende von Paragraphen. Hier liegt das fünfte Feld der notwendigen Therapien. Ich habe mich schon vor 25 Jahren, als ich Finanzminister in Bonn war, immer sehr darüber geärgert, daß zwei ganz mächtige Verbände – der eine der Arbeitgeberverband Gesamtmetall, der andere die Industriegewerkschaft Metall – ihre neuen Tarifverträge immer zunächst in Nordwürttemberg/Nordbaden, im Großraum Stuttgart, ausgehandelt haben. Dort gab es drei mächtige, sehr leistungsfähige Industrieunternehmen, IBM, Daimler-Benz und Bosch, die konnten tatsächlich sehr hohe Löhne zahlen. Wenn dort ein Tarifvertrag ausgehandelt war, dann wurde er anschließend ein bißchen geändert und bis nach Ostfriesland übertragen. Und da wundern sich die Leute heute noch, weswegen im verkehrsfernen Ostfriesland keine Industrie entstanden ist. Der Flächentarifvertrag ist dann nach 1990 auch in die östlichen Bundesländer übertragen worden.

Das mindeste, was notwendig wäre, sind Öffnungsklauseln in den Tarifverträgen, das heißt Klauseln, die es erlauben, daß man vom

Tarifvertrag abweicht. Wir brauchen eine viel größere Betriebsnähe der Lohnpolitik. Ich würde im Tarifvertragsgesetz jenen Paragraphen streichen, der den Bundesminister für Arbeit ermächtigt und verpflichtet, einen Tarifvertrag, den zwei andere miteinander geschlossen haben, seinerseits für allgemeinverbindlich zu erklären. Allein in Niedersachsen, habe ich kürzlich festgestellt, gelten vier für allgemeinverbindlich erklärte Tarifverträge nur für das Friseurhandwerk. Das ist Deutschland, wie es leibt und lebt. Ich würde auch im Betriebsverfassungsgesetz jenen Paragraphen streichen, der wortwörtlich jede Vereinbarung zwischen Geschäftsleitung und Betriebsrat für nichtig erklärt, sofern sie Lohn- und Arbeitszeit regeln will.

Und ich würde im Arbeitsförderungsgesetz den Begriff der Unzumutbarkeit streichen. Wieso kann einem 30jährigen Arbeitslosen mit einem bestimmten Beruf nicht zugemutet werden, im August und September in den Vierlanden die Äpfel und Birnen zu pflücken? Wieso müssen das ausländische Schwarzarbeiter tun?

Alle diese Regeln beruhen auf der Macht von Verbänden – Arbeitgeberverbänden, Gewerkschaften, unternehmerischen Verbänden –, welche die Gesetzgeber jedesmal davon überzeugt haben, dies und das sei unbedingt notwendig. Ich bin seit mehr als einem halben Jahrhundert Mitglied einer Gewerkschaft, ich will das auch bleiben. Aber ich habe auch eine ganze Menge Erfahrungen gesammelt in Aufsichtsräten, teils als Vertreter des Kapitals, teils als Vertreter der Belegschaften, teils als sogenannter dreizehnter oder elfter Mann. Mein Eindruck ist, daß in vielen Fällen die Betriebsräte besser wußten, was ihrem Unternehmen und damit ihren Kolleginnen und Kollegen, ihrer eigenen Belegschaft frommte, als der von weither angereiste hauptamtliche Gewerkschaftsfunktionär, der auch im Aufsichtsrat mitwirkte.

Die deutschen Nettorealverdienste der Arbeitnehmer sind im Zuge der Steuer- und Sozialversicherungsgesetzgebung abgesackt auf etwa den Stand von 1980/1982. Das ist kein Unglück. Es ist uns ja 1980 gutgegangen. Kein Grund, darüber zu weinen. Aber auf der anderen Seite sieht man, wie bis in die Vorstandsetagen großer Banken und Konzerne ein Vorstand nach dem anderen unter die Lupe des Staatsanwalts und der Steuerfahndung gerät: Hausdurchsuchung, nicht nur in der Bank, sondern auch in der Privatwohnung – schreckliche

Beispiele! Wenn man, wie ich glaube, mit einem gewissen Recht davon ausgeht, daß die Löhne netto und real auch in den nächsten Jahren nicht sonderlich steigen können, dann kann man das nur verlangen, wenn man selber ein anständiges Beispiel gibt und sich nicht jedes Jahr neue Tantiemen und neue Optionen auf die Aktien des eigenen Hauses zugestehen läßt – anhand von *shareholder values*.

Was das Feld der Einkommen, der Löhne und der sozialen Beziehungen insgesamt angeht, so fehlt es an guten Beispielen. Es hat vor einigen Jahren einmal den Versuch der Bundesregierung gegeben, einen sogenannten Solidarpakt zu schließen. Eine fabelhafte Erfindung, denn weder die Arbeitgeber noch die Gewerkschaften waren dazu eingeladen; da waren nur Politiker am Tisch. Später gab es in Ermangelung der Solidarität, die dem Solidarpakt natürlich gar nicht gefolgt ist, den Versuch, ein »Bündnis für Arbeit« zu schließen. Das klang auch ganz gut, es war wohl auch ernst gemeint: Aber es folgte weder Arbeit, noch blieb das Bündnis intakt; denn ein bißchen später hat man versucht, den kranken Arbeitern den Lohn zu kürzen – nur den Arbeitern, nicht den kranken Professoren, nicht den kranken Politikern, nicht den kranken

Beamten, nicht den kranken Angestellten – nur den Arbeitern. Wie kann man eigentlich erwarten, daß die Arbeiterschaft bei einer solchen Behandlung das Vertrauen in den Willen zur Gerechtigkeit behält?

Das sechste Feld betrifft die Erneuerung unserer sozialen Sicherungssysteme. Wenn Sie vor der Frage stehen – Sie sind 62 Jahre alt und wollen vielleicht mit 63 schon in Rente gehen (übrigens: Sehr viele gehen heute schon mit 58 oder 59 Jahren in Rente!) – und Sie wollen wissen, was Sie denn anschließend kriegen, und holen sich eine Auskunft ein, dann haben Sie Glück, wenn Sie nur eine einzige Auskunft einholen, denn dann halten Sie die Auskunft für zutreffend. Wenn Sie gleichzeitig aber auch noch zu einem Rentenberater gehen und sich von dem auch eine Auskunft geben lassen, die klingt dann anders als diejenige, die Sie von der Außenstelle der Bundesanstalt für Angestellte bekommen haben. Weshalb klingen die verschieden? Weil auch die Fachleute häufig nicht durchschauen.

Ich bin als Herausgeber der *ZEIT* dort mit einem festen Gehalt gesegnet, aber der Bundesgesetzgeber hat den Zeitverlag damit gesegnet, für mich, obwohl ich im 80. Lebensjahr

längst Pensionär bin, gleichwohl Rentenver-
sicherungsbeiträge zu bezahlen. Und weil das so
ist, muß ich jedes Jahr ein komisches Formular
ausfüllen, ich konnte daraus niemals schlau werden. Deshalb habe ich letztes Jahr das Formular
dem Herrn Minister Blüm zugeschickt und
habe ihm gesagt: Klopf mal deinen Ministerialdirektoren auf die Finger, ich werde daraus
nicht schlau. Und dann kriegte ich nach einiger
Zeit einen Brief von ihm zurück: Schmidt, Sie
haben ganz recht, meine Ministerialdirektoren
sind daraus auch nicht schlau geworden. Sie la-
chen zu früh, denn ein Jahr später kriegte ich
genau, haargenau dasselbe Formular abermals
zugeschickt! Das ist Deutschland, wie es leibt
und lebt. So wird mit Paragraphen und For-
mularen alle Initiative kaputtgemacht.

Wir haben der Sozialversicherung lauter Auf-
lagen aufgepackt, die mit Versicherung nichts
zu tun haben, sogenannte versicherungsfremde
Leistungen – zum großen Teil im Zusammenhang mit der Vereinigung der beiden deutschen
Staaten – in Milliardenhöhe. Und nun wissen
wir nicht, jedes Jahr wieder, ob nicht die Beiträge erhöht werden müssen, um alle diese Lasten zu tragen. Zum falschesten Zeitpunkt, den
man wählen konnte, haben wir noch eine vier-

te Säule der Sozialversicherung eingeführt: Wir hatten seit Bismarcks Zeiten Rentenversicherung und Krankenversicherung, dann haben wir später in der Weimarer Zeit die Arbeitslosenversicherung eingeführt; jetzt, in den neunziger Jahren, wurde die Pflegefallversicherung eingeführt, auch sie ist nicht dauerhaft durchfinanziert – im falschesten Zeitpunkt, den man sich vorstellen kann. Als Bismarck die Rentenversicherung einführte, das war in den achtziger Jahren des vorigen Jahrhunderts, mehr als hundert Jahre her, da kriegte man mit 65 seine Rente, und dann lebte man im Schnitt noch vier Jahre. Vier Jahre Rentenbezug. Infolgedessen waren die Beiträge derjenigen, die in Arbeit waren, relativ klein. Heute ist keiner mit vier Jahren Rentenbezug zufrieden, er geht auch nicht erst mit 65 in Rente, sondern im Schnitt bereits unter 60, er lebt auch sehr viel länger. Das sei ihm von Herzen gegönnt – ich lebe ja auch länger. Aber daß das zwangsläufig nicht ewig so weitergehen kann, das fühlt ein Blinder mit dem Krückstock. Denn man kann nicht dauernd die Versicherungsbeiträge erhöhen.

Langfristig müssen wir das ganze System renovieren. Die kurzfristige Flickschusterei der letzten Jahre macht wenig Sinn. Jetzt hat man, um den Rentenversicherungsbeitrag nicht auf 21 Prozent steigen zu lassen, statt dessen lieber die Mehrwertsteuer angehoben, in der Hoffnung, wir würden das nicht so deutlich merken. Das ist alles Flickschusterei. Was machen sie dann in weiteren 24 Monaten? Oder in 36 Monaten? Ich glaube, daß die Erneuerung unserer sozialen Sicherungssysteme nicht zu den zeitlich vordringlichen Aufgaben gehören sollte. Allerdings hat der Anstieg der Lohnnebenkosten infolge der ständigen Beitragserhöhungen im Zeitalter der Globalisierung zum Auswandern von Arbeitsplätzen durchaus beigetragen.

Bei allem Willen zur Reform unserer sozialen Sicherungssysteme muß man deutlich erinnern, daß der Artikel 20 des Grundgesetzes feststellt: Die Bundesrepublik Deutschland ist ein demokratischer und sozialer Bundesstaat. Diese Feststellung gehört zu den im Grundgesetz ausdrücklich für unverrückbar erklärten Granitsäulen, auf denen unser Staat aufgebaut ist. Und dabei muß es auch bleiben! Beim Sozialstaat muß es bleiben, selbst wenn er zwangsläufig in vielerlei Weise erneuert und umgebaut werden muß! Der Umbau ist allerdings eine Notwendigkeit, auch wenn manche unserer Politiker sie in ihrer kurzfristigen öffentlichen Debatte zu übersehen scheinen oder geflissentlich verschweigen.

Der Umstand, daß immer mehr Rentner Rentenansprüche haben, dagegen die Zahl der Arbeitenden, welche die Renten erwirtschaften müssen, relativ abnimmt, zwingt zum Umbau. Die dringend gebotene Entlastung der Rentenversicherung von versicherungsfremden Leistungen allein kann nicht ausreichen.

Nicht nur die Renten, sondern alle Sozialleistungen dürfen die Empfänger nicht besserstellen wollen als die Bezieher regulärer Arbeitseinkommen. Die neuerdings vorgeschlagene Privatisierung oder auch Teilprivatisierung der Altersvorsorge ist dringend diskussionswürdig; einstweilen scheint der Vorschlag zu übersehen, daß auch jede private Altersversorgung von den tatsächlich arbeitenden Generationen finanziert werden muß – dazu kommen ungeheure, nur langwierig zu bewältigende Umstellungsprobleme. Deshalb ist der notwendige Umbau der Sozialversicherungen keine Aufgabe, die wir in Kürze lösen können; er würde auch zur Bewältigung der strukturellen Arbeitslosigkeit nichts beitragen.

In jedem Falle aber dürfen wir zwei grundlegende Erkenntnisse nicht aus den Augen verlieren: Zum einen können wir uns bei zunehmender Überalterung unserer Gesellschaft keinen Super-Wohlfahrtsstaat leisten. Zum anderen dürfen wir auf keinen Fall die Entstehung einer neuen Unterklasse von *working poor* zulassen; deshalb kommt für die industriellen Demokratien Kontinental-Europas das amerikanische Beispiel nicht in Betracht. Vielmehr müssen sie – und so auch Deutschland – nach einem mittleren Wege suchen. Dies ist keine Folge der Globalisierung; wenn wir diese Aufgabe jedoch nicht im Laufe der nächsten zehn Jahre lösen sollten, so kann uns die Globalisierung in ein sozialpolitisches Unglück stoßen.

Hier will ich die siebte, in meinen Augen wichtigste Therapie andeuten. Ich rede von der Notwendigkeit einer großen Gesamtanstrengung von Staat, Ländern und Unternehmungen auf dem Felde von Forschung und Entwicklung – eine große, lang anhaltende Kraftanstrengung zugunsten der wissenschaftlichen Grundlagenforschung, der anwendungsorientierten Forschung und der Entwicklung von Spitzentechnologie. Ich rede nicht von High-Tech, sondern von der Spitze von High-Tech.

Forschung und Wissenschaft sind unerläßliche Schlüssel zur langfristigen Gesundung, das heißt: zur Schaffung von Arbeitsplätzen auf Feldern, auf denen unsere südostasiatischen oder osteuropäischen Zeitgenossen und Wettbewerber sich einstweilen noch nicht mit Erfolg tummeln können. Wer diesen Schlüssel weiterhin vernachlässigt, der wird weitere Arbeitslosigkeit und damit weitere Absenkung des allgemeinen Lebensstandards in Kauf nehmen müssen. Wir müssen uns befähigen, solche Spitzentechnologien zu produzieren und zu exportieren, welche in anderen, neu zur Weltwirtschaft hinzugetretenen Staaten einstweilen noch nicht hergestellt werden können. Dazu brauchen wir bessere Kontakte, weitaus bessere Zusammenarbeit zwischen der staatlich finanzierten Forschung und der Industrie, einschließlich der industriellen Forschung.

Natürlich würde das Ganze nicht gehen, der forscherische Aufschwung würde nicht zustande kommen ohne eine durchgreifende Erneuerung unserer Universitäten. Darauf komme ich zurück, wenn ich die kulturellen Konsequenzen unserer Globalisierungsbeschwernisse behandle. Ich meine, der Bundestag und die Bundesregierung sollen nicht in die Universitäten hineinregieren. Der Bund sollte sich auf die Großforschung konzentrieren.

Ich würde zum Beispiel vorschlagen, daß man das Bundesministerium für Wirtschaft abschafft, das ist sowieso nur noch zuständig für Ausstellungseröffnungen und für falsche Konjunkturprognosen. Statt dessen würde ich ein Bundesministerium schaffen für Forschung, Technologie und Industrie. Und wenn einer sagt, das sei aber gar nicht marktwirtschaftlich, dann würde ich antworten: »Na und? Die Japaner haben uns das in fabelhafter Weise vorgemacht, und die Amerikaner haben es uns in noch fabelhafterer Weise vorgemacht.« (Allerdings heißt diese Veranstaltung in den USA nicht MITI, Ministry for Trade and Industry, wie in Japan, sondern in den USA heißt die gleiche Veranstaltung Pentagon und Verteidigungshaushalt.) Eine der vielen Aufgaben dieses neuen Bundesministeriums läge übrigens in der Mobilisierung von *venture capital*, von Risikokapital, durch Ermöglichung spezieller Fonds. Dazu gehört die steuerliche Förderung privatwirtschaftlicher Forschung und privatwirtschaftlicher Entwicklung vor allem für den Mittelstand. Die große Masse der Innovationen kommt aus neu gegründeten, dem Typus nach einstweilen mittelständischen Firmen, nicht aus der großen Industrie.

Mich packt jedesmal der Neid, wenn ich alle Jahre einmal nach Stanford, sprich Silicon Valley, in Kalifornien gehe und sehe, wie dort in fabelhafter Weise junge Forschungspersönlichkeiten, 30 Jahre alt, 35 Jahre alt, zusammenarbeiten mit Kollegen aus der Industrie und gemeinsam mit ihnen neue Firmen gründen. Jüngst ist David Packard gestorben, der hat das vor fünfzig Jahren einmal vorgemacht. Inzwischen ist die Weltfirma Hewlett-Packard daraus geworden. Die haben damals tatsächlich in einer Autogarage mit ihrer Computerbauerei angefangen. In Deutschland wäre das unmöglich; die Garage soll nämlich kraft Bauordnung keine Fenster haben; aber umgekehrt dürften Sie in einem Raum ohne Fenster kraft Gewerbeordnung keinen Menschen beschäftigen. Also kann bei uns das nicht sein. Alles ist bei uns geregelt, und infolgedessen findet nicht genug statt.

Eine der wichtigsten Aufgaben für Politik und Wissenschaft und Unternehmen und für alle ist, daß wir uns mit ganz langem Atem darum bemühen, die Deutschen aufzuklären, damit die psychotischen deutschen Ängste vor technischer Innovation überwunden werden. Die Deutschen sind heute die Europameister der Angst. Alles, was neu ist, begegnet bei uns Ängsten, und die Ängste werden ausgebeutet von irgendwelchen Politikern oder Verbänden oder Bürgerinitiativen. Zuerst waren sie gegen Kernkraft, dann waren sie dagegen, daß weiterhin Kohle und Öl verbrannt wird, denn das schafft Abgase in die Luft, was ja auch stimmt. Dann sind sie aber nun neuerdings auch gegen Windspargel (Windkraft-Generatoren), denn die verschandeln ja die Landschaft. Alles Neue macht Angst, deshalb muß man dagegen sein. So denken viele. Aber in Wahrheit muß die Nation begreifen, und dazu müssen wir alle beitragen: Ohne Innovationen verurteilen wir uns selbst zum Verlust weiterer Arbeitsplätze und zum Verlust weiterer Teile unseres allgemeinen Lebensstandards.

Ich sehe allerdings keinen Grund zu einem generellen Pessimismus. Keineswegs sind wir auf einer endgültig abschüssigen Bahn. Es sind neben den Therapien, die ich angedeutet habe, auch andere und zusätzliche Rezepte denkbar und geboten. Die Hauptsache ist, daß überhaupt darüber nachgedacht wird! Nachdenken und Urteilskraft müssen wir von den Politikern erwarten, auf daß sie die Krankheiten und die gebotenen Therapien erkennen; Mut müssen wir von den Politikern auch verlangen, nämlich den

Mut, das als notwendig Erkannte öffentlich zu vertreten, auch wenn es zunächst weh tut, und die Tapferkeit, die als notwendig anerkannten Therapien plausibel und demokratisch akzeptabel zu machen.

Von uns selbst müssen wir Einsicht verlangen und Geduld. In den sechziger Jahren hatte Westdeutschland einen jährlichen Produktivitätszuwachs von etwa fünf Prozent, im Schnitt etwa fünf Prozent mehr Produktivität jedes Jahr. Und entsprechend groß waren die Spielräume zur realen Erhöhung von Löhnen und Gehältern und Sozialleistungen. In den siebziger Jahren waren es im Schnitt immerhin noch vier Prozent jährlicher Produktivitätszuwachs; die beiden Ölpreisexplosionen haben damals den Anstieg der Produktivität gedämpft. In den achtziger Jahren und seither sind es im Durchschnitt der Jahre nur noch zwei Prozent Produktivitätsfortschritt. Die Globalisierung, die wirtschaftliche Vereinigung und die bürokratische Erstarrung auf vielen Gebieten – Schlendrian habe ich es genannt –, die spielen gemeinsam eine dämpfende Rolle. Aber selbst diese zwei Prozent Produktivitätsfortschritt in den neunziger Jahren werden erkauft mit steigender Arbeitslosigkeit. Deswegen brauchen wir alle Einsicht und Tapferkeit, wenn wir denn diesen abwärts gerichteten Prozeß wieder umkehren wollen. Dabei sollten Lehrer und Schüler, Professoren und Studenten, Politiker und Wähler, Unternehmer und Arbeitnehmer, wir alle sollten uns erinnern an die alte römische Weisheit, die uns Cicero übermittelt hat: *Salus publica suprema lex,* oder auf deutsch: Das öffentliche Wohl, das Gemeinwohl, ist das oberste Gebot – nicht aber mein persönlicher Egoismus.

# III

# Kulturelle
# Herausforderungen

Im letzten Teil beschäftige ich mich mit den kulturellen Herausforderungen der Globalisierung und mit den möglichen Antworten darauf.

Wir haben uns bisher die durchaus neuartigen Tatsachen vor Augen geführt, welche sich hinter dem Schlagwort der Globalisierung verbergen und die im Beginn des 21. Jahrhunderts die Welt entscheidend umprägen werden: nämlich die Explosion der Weltbevölkerung, dazu die schnelle Schrumpfung des pro Kopf verfügbaren Raumes; der Rückgang des europäischen Anteils zu Beginn unseres 20. Jahrhunderts von einem Viertel auf heute nicht einmal mehr ein Achtel; die Verdoppelung der an der Weltwirtschaft beteiligten Personen innerhalb von weniger als zwei Jahrzehnten; die unerhörte Beschleunigung des wissenschaftlichen und vor allen Dingen des technischen Fortschritts; die unerhörte Beschleunigung der Ausbreitung des technischen Fortschritts – besonders auf dem Felde der Telekommunikation – über den allergrößten Teil des Erdballs; das vorher niemals erreichte Höchstmaß an internationaler Handelsfreiheit, Niederlassungsfreiheit und Investitionsfreiheit; das nie zuvor erreichte Höchstmaß an Freiheit des Geldverkehrs und des Kapitalverkehrs; der alle nationalstaatlichen Grenzen überschreitende weltweite Spekulationismus – ich habe ihn »Raubtierkapitalismus« genannt –, der Aufstieg Chinas sowie anderer asiatischer Staaten; die neue Konstellation der Weltmächte im kommenden Jahrhundert; der zu erwartende Aufstieg Osteuropas; die Tendenz zur Angleichung des Lebensstandards zugunsten der neuen Teilnehmer der Weltwirtschaft und zu Lasten der alten Teilnehmer, darunter auch wir selbst – oder anders gesagt: die Auswanderung von Produktionen und damit von Arbeitsplätzen aus Westeuropa in Richtung auf die neu und modern sich industrialisierenden Länder mit niedrigen Löhnen und niedrigen Kosten.

Ich füge an dieser Stelle ein: Lassen wir uns nicht täuschen von all den Nachrichten über die spekulationsbedingten Währungskrisen, Kreditkrisen, Bankenzusammenbrüche in Japan, in Korea, in Südostasien und nicht von den allerhand scheinbar klugen Kommentaren, als ob

Asien nunmehr »entzaubert« sei. Denn wie gut oder wie schlecht auch immer die heutigen Kredit- und Währungskrisen in jenem Teil der Welt überwunden werden — sie ändern überhaupt nichts am Fortgang des Prozesses der Auswanderung alter Produktionen und alter Arbeitsplätze in Richtung Osten. Es kann eine kurze Abflachung oder Unterbrechung geben — der Prozeß wird sich jedoch in jedem Fall später mit bisheriger Wucht fortsetzen.

Im zweiten Teil war sodann von den politischen und den sozialökonomischen Konsequenzen die Rede, die wir Europäer und wir Deutschen zu ziehen haben. Ich habe in diesem Zusammenhang erwähnt: die Notwendigkeit der zielstrebigen Fortsetzung der europäischen Integration, weil anders im 21. Jahrhundert eine Selbstbehauptung der europäischen Nationen, die ja alle im Weltmaßstab nur noch kleinere, bestenfalls mittlere Staaten und mittlere Volkswirtschaften sein werden, nicht möglich bleibt; die Errichtung der gemeinsamen Währung der Europäischen Zentralbank, auch weil anders eine weltweite Regulierung zur Eingrenzung der zerstörerischen Spekulation nicht zustande kommen kann. Ich erwähnte dann, daß das europäische und deutsche Problem der strukturellen Massenarbeitslosigkeit keineswegs allein auf der Globalisierung beruht, sondern daß daneben in fast ganz Westeuropa – und jedenfalls bei uns in Deutschland – politischer Schlendrian, gesetzgeberischer Schlendrian und unternehmerischer Schlendrian auf mindestens sieben Feldern für die Massenarbeitslosigkeit ursächlich oder verantwortlich ist. Dazu kommen bei uns in Deutschland außerdem mehrere Kardinalfehler bei der ökonomischen Vereinigung, nachdem die politische Vereinigung der beiden Nachkriegsstaaten geglückt war.

Ich habe aufgezeigt, daß und warum ein massives Keynes'sches *deficit spending* unter den heutigen Bedingungen globaler wirtschaftlicher Verflechtung wirkungslos bleiben muß. Sodann habe ich für sieben Felder der Fehlentwicklung die wichtigsten Therapien vor Augen geführt: die Wiederherstellung der Eigenverantwortlichkeit der einzelnen durch weitgehende Streichungen in den 84000 Paragraphen der Bundesgesetze und Bundesrechtsverordnungen; der Abbau von Staatsaufgaben, insbesondere auch von konsumorientierten Subventionen; die Beseitigung von steuerlichen Ausnahmen, Schlupflöchern und Oasen, die Herstellung von Steuerdurchsichtigkeit und sodann Steuersenkung;

die Wiederherstellung von Flexibilität im Arbeitsmarkt; die Wiederherstellung von Solidarität zwischen Arbeitgebern, Arbeitnehmern und Staat; die Erneuerung, nicht aber die Beseitigung der sozialen Sicherungssysteme.

Der wichtigste Punkt ist dabei für mich, wie erwähnt, die Notwendigkeit einer großen Gesamtanstrengung von Bund und Ländern und Unternehmungen auf den Feldern von Forschung und Entwicklung. Und ich will dazu wiederholen: Wenn wir unsere strukturelle Arbeitslosigkeit überwinden wollen, dann sind viele Therapien und Korrekturen zugleich notwendig. Aber die wichtigste Operation dient der Aufgabe, uns zu Leistungen und zu Produktionen zu befähigen, welche die neuen aufstrebenden Teilnehmer an der Weltwirtschaft einstweilen selbst noch nicht erbringen können – einstweilen! Mit anderen Worten: Produkte und zugleich rentable Arbeitsplätze schaffen, von denen nicht befürchtet werden muß, daß auch sie morgen schon abwandern in billiger produzierende Länder, die neuerdings an der Weltwirtschaft teilnehmen. Neue Leistungen, neue Produkte sind nur zu erhoffen im Zuge einer großen Gesamtanstrengung von Staat und Gesellschaft in Richtung auf Forschung, auf

Anwendung, auf Erfindung und auf Entwicklung. Dazu gehört wissenschaftliche Neugier. Man braucht auch Zivilcourage, man braucht Beharrlichkeit, zum Beispiel im Falle von Fehlschlägen. Man braucht natürlich mehr Geld als bisher für die Forschung. Ich füge hinzu: Daß der Staat und daß die Unternehmen den Forschungsaufwand in Deutschland insgesamt haben schrumpfen lassen in diesem Jahrzehnt, ist das Gegenteil von dem, was bei uns notwendig wäre!

Man braucht auch eine auf Innovation orientierte hilfreiche öffentliche Meinung – eine auf Innovation orientierte öffentliche Meinung, die wir gegenwärtig nicht haben. Die kläglichen deutschen Ängste gegenüber allem, was neu ist, müssen wir überwinden.

Dies ist eine gemeinsame Aufgabe der diesen Staat tragenden politischen Parteien, ihrer Kanzler und Kanzlerkandidaten, ihrer Minister, ihrer Abgeordneten. Es ist ebenso eine Aufgabe der Unternehmen und ihrer Führer – und ihrer Verbände und der Gewerkschaften. Es ist nicht zuletzt eine Aufgabe auch der Wissenschaftler und der Menschen in den Forschungseinrichtungen, mindestens insoweit, als Wissenschaft und Forschung vom Steuerzahler finanziert werden. Mindestens insoweit, wie wir alle gemeinsam als Steuerzahler Forschung bezahlen, haben die Wissenschaftler und die Forscher uns gegenüber, der Öffentlichkeit gegenüber, eine Bringschuld: Sie haben die moralische oder sagen wir die mitbürgerliche Pflicht, uns gemeinverständlich zu sagen, was sie tun, ihre Ergebnisse, auch ihre zukünftigen Erwartungen darzulegen. Sie haben die moralische, die mitbürgerliche Pflicht, den Angstneurosen in unserer Gesellschaft entgegenzutreten, den prinzipiellen Angstneurosen gegenüber allen Forschungen und allen Neuerungen. Dort, wo ungerechtfertigte Ängste grassieren, müssen wir diesen Ängsten entgegentreten durch geduldige Aufklärung. Wir müssen ihnen den Boden entziehen.

Wir Deutschen sind heute die Europameister der Angst, und manche unserer Ängste sind in Wahrheit schon Hysterie. Die große Mehrzahl unserer organisierten Bürgerinitiativen will nicht etwas Positives verwirklichen, sondern sie will etwas verhindern. In Hamburg zum Beispiel ist jüngst ein großes Wohnungsneubauvorhaben verhindert worden, weil in dem Gelände angeblich ein seltener Vogel wohnt. Keiner hat ihn dort jemals gesehen – einer allerdings hat ihn wenigstens gehört; offenbar ist es den erfolgreichen Verhinderern gleichgültig, daß nun an anderer Stelle die notwendigen Wohnungen in noch höheren Häusern gebaut werden müssen, mit noch mehr Stockwerken.

Nebenan in Schleswig-Holstein hat man versucht, die Elektrifizierung einer vorhandenen Eisenbahnstrecke aus Umweltgründen zu verhindern und, aus gleichen Umweltgründen, den Bau einer Autobahn zu unterbinden, welche Mecklenburg-Vorpommern den wirtschaftlich und arbeitsmarktpolitisch dringend notwendigen Anschluß an das westdeutsche Autobahnnetz bringen soll. Wieder andere versuchen, vor Gericht die arbeitsmarktpolitisch dringend notwendige Vertiefung der Seewasserstraße Elbe zu verhindern. Und vier deutsche Professoren haben vor dem Verfassungsgericht geklagt, um die Teilnahme Deutschlands an der gemeinsamen europäischen Währung zu verhindern – glücklicherweise ohne Erfolg.

Alles dies sind Initiativen von Bürgern gegen etwas, alles Verhinderungsinitiativen, alles aus Angst. Am liebsten möchten viele Deutsche, daß alles so bleibt, wie es gestern war. Am liebsten möchten sie, daß die Massenarbeitslosigkeit von selbst verschwindet. Aber das tut sie nun einmal nicht, und in Wahrheit könnte das auch jedermann einsehen. Aber es will fast niemand deshalb Opfer bringen. Die anderen sollen die Opfer bringen. Dabei handelt es sich in Wirklichkeit bloß um Opfer an Illusionen! Fast alle sagen, Roman Herzog hat ja recht mit seinem Ruck, der durch die Gesellschaft gehen soll. Aber fast alle denken zugleich, der Bundespräsident hat die anderen gemeint – nicht mich.

Ich selbst denke, Roman Herzog hat mit seinem Appell auf keinem Felde noch mehr recht als auf den Feldern von Forschung und Entwicklung. Wir müssen deshalb nicht etwa zu blinden Fortschrittsgläubigen werden. Wir müssen auch keineswegs unseren Naturschutz oder unsere Umweltziele vernachlässigen. Ich selbst war mit meiner Frau gemeinsam längst ein Naturschützer, ehe es die Grünen gegeben hat, und ich bin immer ein Naturschützer geblieben. Aber mein ökonomischer Verstand sagt mir, wenn zum Beispiel der deutsche Steinkohlebergbau wegen der zu hohen Kosten und Subventionen langsam zurückgefahren wird, wenn kein Kernkraftreaktor mehr gebaut werden soll, wenn wir uns nicht total abhängig machen wollen von ausländischem Erdöl und ausländischem Erdgas, wenn wir uns nicht total abhängig machen wollen von den Mengen- und Preisentwicklungen für Öl und Gas auf den globalisierten Märkten, dann allerdings ist zum Beispiel ein Braunkohleprojekt wie in Nordrhein-Westfalen dringend geboten.

Aber ich füge hinzu: Dann ist eben auch eine große Forschungs- und Entwicklungsanstrengung auf dem Felde der Sonnenenergie geboten, der Solartechnologie und besonders der Fotovoltaik. Einstweilen ist die nicht wirtschaftlich, aber möglicherweise könnten wir sie wirtschaftlich machen, wenn wir Intelligenz und Anstrengung und auch Geld in die Entwicklung stecken. Ökologisch orientierte Technologien insgesamt gehören zu denjenigen Feldern, auf denen wir Deutschen uns zu Spitzenleistungen befähigen müssen, und natürlich können wir das auch. Aber dazu braucht es nicht nur einen einmaligen großen Ruck in Forschung und Entwicklung, sondern es braucht eine beständige, beharrliche Daueranstrengung.

Es liegt auf der Hand, daß wir in Deutschland keine durchgängig erstklassige Forschung wieder erreichen werden, solange wir uns einen zweit- oder drittklassigen Durchschnitt unserer Universitäten leisten. Es gibt keine einzige deutsche Hochschule, die sich mit Stanford oder mit Harvard oder anderen Spitzenuniversitäten

Amerikas oder Japans vergleichen kann. Und ich weiß, wovon ich spreche, denn ich besuche jene Universitäten regelmäßig. Es gibt keine einzige deutsche Universität, die heute noch im Weltmaßstab einen ähnlichen Rang behauptete, wie das die deutschen Universitäten vor dem Ersten Weltkrieg gekonnt haben, weitgehend auch noch zu Zeiten der Weimarer Republik. Damals gehörten unsere Universitäten zur Weltspitzenklasse.

Wir haben diese Spitze nach dem Hitlerschen Kriege niemals wieder erreicht. Und Ausnahmen von einzelnen Fakultäten, von einzelnen Fachbereichen, einzelnen Instituten oder einzelnen Lehrstühlen bestätigen leider nur die Regel. Wenn wir so weitermachen sollten wie in den letzten Jahrzehnten, so werden wir im globalisierten Wettbewerb der Universitäten weiterhin zurücksinken, und unser Volk insgesamt wird darunter zu leiden haben.

Als im vergangenen Winter allerorten Studenten gegen unzureichende Ausstattung und Kapazität ihrer hoch überfüllten, ihrer überlasteten Universitäten demonstriert haben – übrigens zum Teil in einer durchaus egoistischen Grundhaltung einer typischen Interessengruppe –, da haben sowohl manche Politiker als auch

**111**

manche Professoren sich öffentlich an die Seite der Demonstranten gestellt, so, als ob Politiker und Professorenschaft an der heutigen Misere schuldlos wären.

Tatsächlich sind die Politiker und die Professoren die Schuldigen, wenn in Deutschland im Durchschnitt doppelt so lange studiert wird wie in Nordamerika oder im Schnitt doppelt so lange wie auch in unserem Nachbarland Holland. Im wesentlichen sind die Politiker die Schuldigen, wenn unsere Universitäten zu dreißig Prozent und zu vierzig Prozent, in einzelnen Fällen bis zu fünfzig Prozent bevölkert sind von Leuten, die später ihr Studium ohne Abschlußprüfung abbrechen – einstweilen aber die Kapazität der Universität belasten. Und die Politiker und die Professoren gemeinsam sind schuld, wenn die Habilitanten an unseren Universitäten im Schnitt über vierzig Jahre alt sind. Wer hat denn die unzureichende, Zeit verbrauchende, effizienzwidrige Studien- und Prüfungsorganisation zu verantworten? Wer hat es denn zu verantworten, daß wir nur in wenigen Bereichen studienbegleitende Zwischenprüfungen kennen – die Mediziner haben das immer gekannt –, daß wir kaum irgendwo Aufnahmeprüfungen kennen – abgesehen etwa von den

Musikhochschulen; daß die meisten Unis im wesentlichen von außen reglementiert werden, nämlich von fiskalistisch-akribischen Haushaltstitelverwaltern in den Landeskultusministerien; oder daß alle Professoren Beamte sind auf Lebenszeit?! Daß aber nach der Anstellung ihre Leistungen von niemand mehr kontrolliert und bewertet werden?

Die Gesamtmisere, die ich nur andeute, hat mehrere Ursachen. Der wichtigste Ursachenkomplex ist die 16köpfige Kultusministerkonferenz der Länder. Die hat sich im Laufe der Jahre in Bonn ein hauptamtliches Sekretariat geschaffen vom Umfange eines mittleren Bundesministeriums. Man hat sich auch eine Abkürzung geschaffen, sie heißt KMK. Diese KMK versucht seit Jahr und Tag, von Regensburg bis Flensburg alles nach den gleichen Schemata zu regeln, so, als ob Deutschland ein Zentralstaat sei. Das wollten wir aber doch niemals sein! Das Grundgesetz hatte doch ursprünglich den Ländern die Hoheit gegeben über die Schulen, über die Bildung, über die Universitäten. Inzwischen hat übrigens jüngst die KMK ihre hohe geistige und politische Kompetenz uns allen ja demonstrativ vorgeführt durch den total überflüssigen Versuch zu einer zentralen Rechtschreibreform. Diese Instanz KMK kommt im Grundgesetz überhaupt nicht vor.

Mir scheint, die Länder sollten sich auf ihre originäre Kulturhoheit besinnen! Wir brauchen endlich einen weitreichenden Leistungswettbewerb zwischen den Universitäten. Das heißt: Befreiung von bürokratischer Gängelung. Die Ersetzung fiskalischer Gängelung seitens eines Ministeriums zum Beispiel durch einen Globalhaushalt für eine Universität – mit weitgehender universitätsinterner Dispositionsfreiheit –, so wie etwa in Düsseldorf geschehen, ist in meinen Augen ein richtiger Schritt, aber doch nur ein bescheidener allererster Schritt.

Ebenso hemmend wie die KMK übrigens ist die zur Zeit der Großen Koalition – ich war daran beteiligt, ich bekenne meine Schuld – in das Grundgesetz nachträglich eingefügte sogenannte Gemeinschaftsaufgabe Hochschulausbau und das gleichzeitig eingeführte Recht des Bundes zur Hochschulrahmengesetzgebung.

Diese beiden damals neu ins Grundgesetz eingefügten Artikel 91a und 91b waren ein schwerer Fehler, und sie haben zu einer totalen Verwischung aller Verantwortlichkeiten geführt.

Vor kurzem hat die Bundesregierung nun schon zum viertenmal ein Änderungsgesetz zum Hochschulrahmengesetz vorgelegt. Ich habe mir den Entwurf angeguckt und auch das zugrunde liegende Hochschulrahmengesetz; das letztere hat einige 83 Paragraphen, und dieses vierte Änderungsgesetz will davon 58 Stellen ändern. Im Vorblatt zu diesem Gesetz steht wieder einmal dick gedruckt: »Alternativen: keine«. Ich wüßte in der Tat eine sehr einfache Alternative, nämlich diese: Das Hochschulrahmengesetz wird mit Wirkung vom 1. Januar des Jahres 2000 aufgehoben. Das würde die Länder, die Landtage befreien zu ihrer eigenen Hochschulgesetzgebung, würde sie befreien zu einer wettbewerbsgerechten, leistungsgerechten Gestaltung ihrer Universitäten. Und dann könnten hoffentlich, zehn oder zwanzig Jahre später, wenigstens einige Universitäten sich mit Erfolg in der globalen Konkurrenz behaupten. Wir haben es doch auch auf dem Felde von Lehre und Forschung inzwischen mit globalisierter Konkurrenz zu tun!

Die heutigen Massenhochschulen und Massenuniversitäten sind weit überwiegend Dienstleistungsbetriebe − weit überwiegend Ausbildungsbetriebe. Und deshalb brauchen sie ein betriebliches Management an der Spitze − keine Hoheitsverwaltung und keinen ewigen Gremiensalat. Wohl aber brauchen sie außerdem entweder Aufnahme- oder Zwischenprüfungen, dazu das Recht zur Exmatrikulierung von Mehrfachwiederholern. Sie brauchen zweitens weitgehende Einführung von Bachelor-Graduierungen nach relativ kurzen Studiengängen. Sie brauchen drittens eine Beurteilung der Lehrtätigkeit von Professoren durch die Studenten − diese sind immerhin erwachsene Menschen mit allen Bürgerrechten, auch mit den Rechten eines Konsumenten gegenüber einem Dienstleistungsbetrieb. Viertens muß das Bafög materiell wiederhergestellt werden, aber − und das füge ich mit Bedacht hinzu − mit Rückzahlungsverpflichtung im Laufe des beruflichen Lebens und Erfolges. Fünftens dürfen dann allerdings auch und müssen dann auch Studiengebühren erhoben werden. Es muß nicht zuletzt deswegen wieder Studiengebühren geben, weil sie nämlich in Richtung auf ein zügiges Studium wirken und weil sie allein die Studenten als Kunden des Dienstleistungsbetriebes Universität legitimieren. Kunden haben immer Rechte gegenüber den Lieferanten. So ist das im Kolonialwarenladen, so ist das gegenüber Krupp oder Thyssen, so ist das auch gegenüber der Universität. Aber die Kunden müssen auch bezahlen. Kunden haben Rechte, Kostgänger des Steuerzahlers dagegen haben in vielen Fällen nur angemaßte Rechte.

Sechster Punkt: Die Professoren und Assistenten als Forscher – sie sind ja zu einem erheblichen Teil nicht nur Universitätslehrer, sondern auch Forscher – brauchen insgesamt eine engere Beziehung zur Praxis. Ich rede von der Praxis der freien Berufe, der Praxis des Gewerbes schlechthin, der Industrie. Die freien Berufe, die Industrie und das Gewerbe, die Wirtschaft insgesamt hat eine Holschuld gegenüber der Wissenschaft. Ich sprach von der Bringschuld der Wissenschaft, wir anderen haben eine Holschuld – wir müssen uns erkundigen, was uns die Forschung vielleicht zu bieten haben könnte. Möglicherweise muß die Wirtschaft sogar eingeladen werden, ihre Holschuld abzuholen. Dazu gibt es übrigens in Amerika hochinteressante Beispiele, sogar Vorbilder.

Es gibt auch in Deutschland ein Vorbild: Schauen Sie sich die in meinen Augen immer noch vorbildliche berufliche Ausbildung an, das sogenannte duale System des Zusammenwirkens von Berufsschule und Lehrbetrieb. Diese enge Zusammenarbeit im dualen gewerblichen Ausbildungssystem würde ich gerne übertragen sehen auf eine ähnliche Zusammenarbeit zwischen Universitäten und Wirtschaft. Die Professoren müssen ihrerseits eine sehr viel engere Beziehung zur öffentlichen Meinung pflegen, das heißt in praxi: zu den Medien. Die Hochschullehrer werden fast ausnahmslos von den Steuerzahlern finanziert – ich wiederhole mich –, auch deswegen also ihre Bringschuld gegenüber den Steuerzahlern. Ich möchte dieses Unterkapitel verlassen, aber es zuvor in drei, wie ich zugebe, provokatorisch zugespitzten Sätzen zusammenfassen.

Zum einen: Die Bildungspolitiker und die Ministerialbürokraten müssen die Universitäten befreien von ihren heute noch gesetzlich fundierten tausendfachen und ewig erneuerten, verkomplizierten Interventionen. Zum anderen: Die Professoren müssen sich befähigen zu einer echten Selbstverwaltung von Wissenschaft und Universität. Und zum dritten: Wenn dies beides nicht geschehen sollte, so wird Deutschland im globalisierten Wettbewerb von Wissenschaft und Forschung, von Lehre und Ausbildung in Zukunft noch weiter absinken. Dies wäre im Ergebnis der niederschmetternde Beitrag der deutschen Universitäten zur negativen Angleichung unseres Lebensstandards zugunsten des aufstrebenden Lebensstandards in einem Dutzend großer Staaten in Asien und möglicherweise auch im Osten Europas.

Natürlich ist mir der Einwand bewußt – etwa erhoben heute vor vierzig Jahren von Karl Jaspers oder jüngst erneut von Peter Glotz –, daß Universitäten mehr sein wollen müssen als bloße Ausbildungsstätten für zukünftige Berufe und für zukünftige Aufgaben in der Wirtschaftsgesellschaft. Ich halte diesen Satz für voll zutreffend, sie müssen mehr sein wollen als nur dies. Aber: Ich halte diesen Satz keineswegs für einen durchschlagenden Einwand gegen eine Erneuerung von Inhalt und Gestalt der heutigen deutschen Massenuniversität.

In der Tat, die Universitäten sollten eine der wesentlichen Kraftquellen sein, die unser Land braucht, um unsere kulturelle Identität zu bewahren, sie zu bewahren gegenüber dem Druck einer heutzutage fast den ganzen Globus überschwemmenden Pseudokultur. Mit großer persönlicher Sympathie verfolge ich das Bemühen mehrerer französischer Regierungen – einer nach der anderen –, das französische Fernseh- und Kinopublikum vor einer ausländischen Überflutung mit Darstellungen von Schießereien, von Autojagden, Vergewaltigungen, Morden und Gewalttaten aller Art zu bewahren. Leider wird dieses Bemühen unserer französischen Nachbarn angesichts von Satelliten und Schüsselantennen wohl nur für begrenzte Zeit einigen Erfolg haben; vielleicht hat China mit ähnlichen Einstellungen einen etwas länger anhaltenden Erfolg.

Weil aber große Teile des Publikums und vor allem die Heranwachsenden in vielen Ländern durchaus willens sind, derartige Fernsehveranstaltungen und Filme zu sehen, so kann die Fernsehglobalisierung eine Gefährdung des Weltbildes und der Lebensvorstellungen junger Generationen mit sich bringen. Selbst die Nachrichtenredaktionen seriöser Fernsehkanäle sind leider nicht zufrieden, wenn sie nicht wenigstens jeden Abend einige rauchende Trümmer in Bosnien oder einige Leichen in Tschetschenien oder in Ruanda oder in Somalia oder in Algerien einblenden können. Jedes Verbrechen, jedes Unglück, jede Katastrophe wird dem Publikum eingeträufelt – möglichst in lebenden Bildern. Alles dies trägt bei zur Ängstigung. Aber manche Jugendliche werden davon irregeführt: Sie halten das, was sie selbst mit eigenen Augen, mit eigenen Ohren vor der »Glotze« gesehen oder gehört haben, für das wirkliche Leben und für Teil der Normalität des Lebens. Und sie lassen sich zur Nachahmung verführen.

Amerika hat durch seine Dramatiker und Romanciers, auch mit dem Jazz und dem Musical die Welt kulturell wirklich bereichert. Aber sex and crime sind weniger gute, zum Teil durchaus gefährliche Beiträge der amerikanischen Unterhaltungsindustrie. Diese Industrie macht gegenwärtig einen Siegeszug – nicht etwa nur bei uns in Deutschland –, sondern globalisiert, über die ganze Welt bis in die Provinzstädte Chinas und Japans und Indonesiens – überallhin. Die Telekommunikation ist eben eine der unvermeidlichen Facetten der Globalisierung. Die Globalisierung minderwertiger Fernsehgeschichten durch die Unterhaltungsindustrie, insbesondere ihrer billigsten und zum Teil wahrhaft üblen Produkte, gefährdet die eigenen kulturellen Traditionen.

Jüngst haben viele Deutsche zum allerersten Mal von Heinrich Heine gehört. Immerhin: Es gab einige, die wenigstens schon vorher die »Loreley« gekannt haben – nicht unbedingt wissend, daß die von Heinrich Heine stammt; die »Harzreise« kannten nur noch sehr viel weniger. Man kann eigentlich nur die Hoffnung haben, daß wir demnächst auch noch ein Eichendorff-

Jubiläum bekommen, vielleich auch ein Kant-Jubiläum und so weiter, damit das Tradieren, das Weitergeben großer eigener kultureller Leistungen, großer eigener Wertschöpfungen nicht in unbeleuchtete Nischen der Gesellschaft abgedrängt werden kann. Wenn wir jedoch nichts weitergäben von dem, was wir von den uns vorangegangenen Generationen angeboten bekommen haben, dann wird das, was uns noch übergeben wurde, absinken. Wenn die Globalisierung uns die Fähigkeit oder den Willen zur Weitergabe eigener Werte abhanden kommen lassen sollte, so könnten wir zu den konsumierenden, degenerierten Opfern einer an Einschaltquoten, an Werbeeinnahmen und Umsatzziffern orientierten, auf Massenwirkung zielenden, tief nivellierenden Pseudokultur werden.

Die Globalisierung der Unterhaltungsindustrie zwingt uns, so meine ich, zu einer großen selbsterzieherischen Anstrengung. Damit wir unsere Fähigkeit zur Weitergabe, zur Tradition bewahren und ebenso unsere Fähigkeit zur eigenschöpferischen, neuen Leistung – sei es in der Literatur, sei es auf dem Theater, sei es in der Philosophie oder in der Musik, sei es in der Malerei, der Skulptur, der Architektur, sei es in den Geisteswissenschaften. Damit wir diese Fähigkeiten uns erhalten, müssen wir uns anstrengen. Das setzt voraus, daß wir uns der Gefährdung bewußt werden.

Wir Deutschen sind hinsichtlich unserer wertvollen Traditionen stärker gefährdet als andere der alten Kulturvölker Europas. Dies ist eine der bösen Hinterlassenschaften Hitlers. Wir leiden notwendigerweise unter dem Bewußtsein der geschichtlichen Wahrheit der Todesfabrik Auschwitz, unter dem Bewußtsein der historischen Wahrheit, daß unser Volk unter Hitler einen im 20. Jahrhundert ansonsten in Europa beispiellosen Angriffskrieg geführt hat. Wir leiden darunter, daß über kommende Jahrhunderte der Genozid an den europäischen Juden genausowenig vergessen werden wird, wie seit zweieinhalbtausend Jahren die babylonische Gefangenschaft unter Nebukadnezar vergessen worden ist. Dieses Leiden darf und soll uns keiner nehmen.

Mancher der erst nach Hitler Geborenen hat sich dieser Leiden wegen am Ende der sechziger Jahre und zu Beginn der siebziger Jahre zu einem unbewußten Haß auf das eigene Volk verführen lassen, zum Teil zu einem durchaus bewußten Anarchismus verführen lassen, zum Teil sogar verführen lassen bis zur Gewalttat und bis

zum Mord. Dabei haben die meisten Acht-
undsechziger gar nicht gemerkt, daß sie mit-
gerissen worden sind von einer in Amerika,
auf dem amerikanischen Campus wegen des
Vietnamkrieges und wegen seiner scheußlichen
Opfer ausgelösten massenpsychologischen Wel-
le. Das war ja keine deutsche Erfindung, 1968,
es war globalisierte Massenpsychose, über den
Atlantik herüber von einem Erdteil in andere
Kontinente. Aber wegen Hitlers Weltkrieg, wegen des Holocaust und der anderen Verbrechen
der Nazi-Zeit hat die globalisierte Psychose in
Deutschland zu jenem einzigartigen Syndrom
mutiert, das ich oben erwähnt habe.

Noch über lange Generationen werden jene
Verbrechen auf dem Bewußtsein der Deutschen
lasten – und auf dem Bewußtsein unserer
Nachbarn. Wir können dieser Last nicht ledig
werden etwa dadurch, daß wir versuchen, sie ab-
zuschieben auf die Väter oder die Großväter –
die werden in wenigen Jahre alle dahingegangen
sein. Sondern auch die Nachgeborenen, die
nachweislich schuldlosen Nachgeborenen, alle
die nachfolgenden Generationen werden mit
der Scham über diese Verbrechen leben müssen.
Vor allem aber müssen sie wissen, daß jeder einzelne Mitverantwortung trägt dafür, daß der-

gleichen sich niemals wiederholen kann. Dieses Wissen von der Mitverantwortung für die Zukunft, daß sich dergleichen niemals wiederholen kann, das allerdings haben wir den Nachfolgenden zu übergeben. Diese Weitergabe, Übergabe oder Tradition ist eine wichtige Aufgabe der Eltern, der Lehrer, auch aller Hochschullehrer, aller führenden Personen in unserer Gesellschaft wie auch im Staat.

Aber das ist nicht die einzige Erziehungsaufgabe. Denn ebenso wichtig ist die Erziehung zur eigenen Kritikfähigkeit, zur eigenen Urteilsfähigkeit, insbesondere im Zeitalter des globalen Fernsehens und des globalen Internet. Denn wir Deutschen sind für Massenpsychosen stärker anfällig als die Franzosen, stärker anfällig als die Engländer, stärker anfällig als die Skandinavier oder die Holländer. Das hatte schon die Massenpsychose durch Hitler und durch die Nazis gezeigt. Die anderen Völker hatten ja genauso unter der Weltwirtschaftskrise der frühen dreißiger Jahre gelitten wie wir. Heutzutage kann man Massenpsychosen durch das Fernsehen noch leichter erzeugen als zu Hitlers Zeiten – damals gab es nur das Radio. Die Globalisierung des Fernsehens kann auch zu übernationalen Massenpsychosen führen; das

Beispiel der fast weltweiten Massenreaktion auf den Unfalltod einer attraktiven, zu ihrer Lebzeit durchaus umstritten gewesenen englischen Prinzessin hat im letzten Herbst gezeigt, was das Fernsehen provozieren kann. Deshalb ist — zumal in unserem Lande — die Erziehung zum persönlichen kritischen Urteil und zum individuellen Selbstbewußtsein im Zeitalter der Globalisierung so notwendig.

Bei alledem spielt die Sprache eine wichtige Rolle. Es scheint mir leider zwangsläufig, daß die Globalisierung in Wirtschaft und Wissenschaft, im Internet und im Fernsehen, zur Dominanz des amerikanischen Englisch führen muß — man kann auch sagen: des amerikanisch verkümmerten Englisch. Wer sich gegen die globale Dominanz des Amerikanischen wehren will — sei es aus dem Motiv der Bewahrung der eigenen Sprache —, der wird scheitern. Gleichwohl ist aber das Motiv der Bewahrung der eigenen sprachlichen Tradition ein überlebenswichtiges Motiv. Denn wenn die eigene Sprache unterginge oder wenn sie in wenigen Generationen völlig korrumpiert würde, so ginge damit zugleich ein großer Teil der eigenen Kultur verloren — und damit gingen Teile der eigenen Identität verloren. Das muß ja aber keineswegs zwangsläufig so geschehen. Ich kann mir vorstellen, daß zwar an deutschen Universitäten – sagen wir Biogenetik oder sagen wir Avionik – auf englisch gelesen wird, auch auf englisch geprüft wird; ich kann mir durchaus vorstellen, daß in den Banken zu Düsseldorf oder Frankfurt auf englisch gehandelt wird, aber daß gleichwohl zugleich und sehr bewußt im täglichen Leben eine gepflegte deutsche Sprache selbstverständlich bleibt.

Und ähnlich so in Italien, ähnlich so in Frankreich, ähnlich so in Spanien oder in Polen und in den anderen Nationen Europas. Die italienische Sprache hat zweieinhalbtausend Jahre der Entwicklung und Entfaltung hinter sich – das heutige Französisch oder das heutige Deutsch, unsere Sprachen haben für ihre Entwicklung ungefähr die Hälfte dieser Zeit hinter sich. Keines der Völker, die sich in der Europäischen Union zusammengeschlossen haben, hat jemals im Sinn gehabt, deshalb die eigene Sprache aufzugeben. Ohne Sprache ist Mitteilung fast unmöglich. Sprachen sind das bei weitem wichtigste Vehikel kultureller Entfaltung und zugleich das wichtigste Element nationaler Identität – übrigens auch persönlicher Identität.

Deshalb pflegt zum Beispiel das kleine Volk der Isländer seine aus dem Hochmittelalter überkommene Sprache sehr sorgfältig, deshalb schaffen sich junge Nationalstaaten, etwa Israel oder Indonesien, ihre eigene nationale Sprache, Iwrit oder Neuhebräisch im einen Falle, Bahasa Indonesia im zweiten Falle. Natürlich nimmt jede Sprache Fremdworte und Lehnworte in sich auf, das ist selbstverständlich. Aber heute müssen wir Europäer und wir Deutschen aufpassen, daß uns die Globalisierung nicht zur Korrumpierung unserer eigenen Sprachen und damit unserer eigenen Kultur verführt. Die Globalisierung der letzten beiden Jahrzehnte, die sich im Beginn des nächsten Jahrhunderts kraftvoll fortsetzen wird, bietet eben nicht nur Chancen, sondern sie birgt auch Gefährdungen.

Eine andere von mehreren Gefährdungen, eine den internationalen Frieden betreffende Gefährdung, liegt in dem vom Westen – zumeist von Amerika – ausgehenden Versuch, den Völkern und Kulturen anderer Kontinente unsere westlichen Ideale und Vorstellungen von Zivilisation, von Demokratie, von Menschenrechten aufzudrängen. Für uns Deutsche – gerade erst ein halbes Jahrhundert nach dem Holocaust – ist die Legitimation zum Lehrer in Sachen Menschenrechte gegenüber anderen Völkern ganz besonders fragwürdig. Aber auch in Amerika ist die Sklaverei gerade erst vor anderthalb Jahrhunderten beseitigt worden – mittels eines blutigen Bürgerkrieges beseitigt worden. Noch Thomas Jefferson hatte seine Sklaven, ebenso wie zwei Jahrtausende vorher Perikles im alten Athen seine Sklaven hatte. Gleichwohl sind Perikles und Jefferson leuchtende demokratische Vorbilder. Aber beide Beispiele zeigen: Die Legitimation, anderen unsere heutigen westlichen Wertvorstellungen aufzuzwingen, ist fragwürdig.

Perikles lebte im selben Abschnitt der Menscheitsgeschichte, in dem auch Konfuzius gelebt hat und sein Nachfolger Mencius. Der Hinduismus ist in seinen Wurzeln noch älter. Weil wir Europäer – und ähnlich auch die Nordamerikaner – alle eine sehr exklusiv eurozentrische Geschichtsunterrichtung erfahren haben, deshalb wissen wir im Durchschnitt fast überhaupt nichts von den Religionen und Philosophien Indiens und Chinas. Wir wissen kaum etwas über den Konfuzianismus, nichts über seine Prägekraft. (Die Kommunistische Partei Chinas von heute zum Beispiel, nach dem Tode Mao Zedongs und Deng Xiaopings, ist nach meinem Eindruck stärker konfuzianisch geprägt als etwa marxistisch oder etwa kommunistisch.) Der Konfuzianismus hat eine enorm prägende Kraft, nicht nur in China – auch in Japan, auch in Korea. Wir wissen wenig darüber; aber viele im Westen neigen dazu, sich darüber erhaben zu fühlen.

Wir wissen genausowenig über den Hinduismus und über den Buddhismus. Wir wissen auch fast nichts über den Islam. Gleichwohl maßen einige unter uns sich an – unter uns in Deutschland, in Europa, in Amerika –, den Milliarden von Menschen, die jenen ethischen Lehren, die jenen Religionen seit Jahrhunderten und zum Teil seit Jahrtausenden anhängen, unsere Vorstellungen von Verfassung, von Demokratie, von den Grundrechten des einzelnen aufzudrängen. Manche setzen sogar zielgerichtet darauf, daß die Globalisierung der Telekommunikation ihnen bei diesen Bekehrungsbemühungen assistieren werde. Andere drohen mit ökonomischen Sanktionen, oder sie erklären souveräne Staaten wegen deren innerer Verfassung oder deren Regierung zu Schurkenstaaten – allerdings tun sie das letztere ziemlich selektiv, je nach den eigenen politischen und ökonomischen Interessen.

Mich erinnert das an die gewaltsame christliche Mission, sei es im Mittelalter in Europa, sei es später bei der Kolonisation Südamerikas, und an die Kreuzzüge. Weil die Kirche des Mittelalters den Islam als eine heidnische Teufelsreligion mißverstanden hat, deshalb hat sie nicht nur zu Hause sogenannte Hexen und sogenannte Ketzer zuhauf verbrannt, sondern sie hat eben auch einen Kreuzzug nach dem anderen geführt.

Von heute aus gesehen, mit heutigen Worten bezeichnet, war dies alles nichts anderes als gewalttätiger christlicher Fundamentalismus. Das zu erkennen scheint mir notwendig, um zu verstehen, weswegen ich sage, uns fehlt die Legitimation, anderen beizubringen, was sie gefälligst zu glauben haben und was sie gefälligst moralisch für wert zu halten haben.

Das bedeutet jedoch keineswegs, daß wir es zu akzeptieren hätten, wenn uns gewalttätiger christlicher Fundamentalismus als schlechthin das Christentum und die Christenheit darstellend vorgehalten wird. Auch der an einigen Orten auftretende islamische Fundamentalismus ist keineswegs charakteristisch oder typisch für die eine Milliarde Muslime, die heute auf der Welt leben. Aber dieser islamische Fundamentalismus von Algier bis Luxor und bis nach Pakistan und nicht anders der hinduistische Fundamentalismus in Pamir oder im Punjab oder der gewalttätige, sich selbst für christlich-katholisch haltende Fundamentalismus in Nordirland in Gestalt der IRA – alles dies sind Erscheinungen, die insgesamt Sorgen auslösen müssen. Infolge der globalen Bevölkerungsexplosion können sie künftig noch an Gewicht zunehmen.

Der Harvard-Professor Samuel Huntington hat einen aufsehenerregenden Aufsatz geschrieben, später ein ganzes Buch, über den angeblich weltweit bevorstehenden »Clash of Civilizations«.

Ich erwähnte es schon im ersten Teil und will es hier wiederholen: Angesichts der allgemeinen Globalisierung und der ständig zunehmenden Berührungsflächen zwischen den großen Religionen, zwischen den verschiedenen philosophischen Lehrgebäuden der Menschheit, zwischen den verschiedenen »Zivilisationen«, um Huntingtons Wort zu gebrauchen, angesichts dieser Globalisierung kann man für das nächste Jahrhundert solche Zusammenstöße keineswegs ausschließen. Deshalb ist es ein Verdienst, auf solche Gefahren aufmerksam zu machen.

Jedoch halte ich den Gedanken für lebens-
gefährlich, globale Zusammenstöße für unver-
meidlich zu halten. Er könnte zu einer *self-ful-
filling prophecy* werden. Theoretisch gesprochen
könnte die irrige Vorstellung von der Unver-
meidlichkeit des Zusammenpralls verschiedener
Religionen und verschiedener Lebensanschau-
ungen große Kriege auslösen. Deshalb, so denke
ich, gebieten die anhaltende Bevölkerungsexplosion auf dem ganzen Erdball und die gleich-
zeitige Globalisierung fast aller Beziehungen
zwischen den Menschen und den Nationen ein
ernsthaftes Bemühen um gegenseitiges Verstehen. Wer sich nur ein wenig um die anderen
Religionen bemüht, um die anderen Kulturen,
der findet – vielleicht zu seinem eigenen großen
Erstaunen – sehr viel ethische Übereinstim-
mung. Ich nenne als erstes Beispiel die von den
Theologen so genannte »goldene Regel«: Tue
gegenüber anderen nur das, was du wünschst,
das sie dir selbst gegenüber tun. Immanuel Kant
hat die goldene Regel im Kategorischen Im-
perativ auf eine etwas höhere Ebene gehoben;
aber im Prinzip ist es das gleiche sittliche Gebot,
das wir im Islam genauso finden und im Hinduismus genauso finden wie im christlich geprägten Westen. Oder ich nenne als zweites

Beispiel das Tötungsverbot. Oder ich nenne drittens das Wahrheitsgebot.

Gemeinsam mit einer Gruppe früherer Regierungschefs und Staatspräsidenten haben mein verstorbener Freund Takeo Fukuda und ich im Lauf der letzten zehn Jahre viermal Theologen und Lehrer aus allen großen Weltreligionen zusammengerufen, aus allen fünf Erdteilen, einschließlich der konfuzianischen und der kommunistischen zivilisatorischen Traditionen. Wir haben zu unserem eigenen Erstaunen, zu unserer eigenen Beglückung gelernt, wie weit wir doch tatsächlich übereinstimmen. Wir haben gefunden, daß es in fast allen Kulturen ein erstaunlich hohes Maß an gemeinsamen ethischen Regeln gibt. Vorher hatten wir davon nicht genug gewußt. So waren diese herausragenden Repräsentanten aus allen Weltreligionen bereit und haben es als mit ihrer jeweils eigenen Religion und Lebensphilosophie und Ethik für vereinbar gehalten, zum Beispiel angesichts der Explosion der Weltbevölkerung gemeinsam zur Familienplanung aufzurufen. Dabei war auch ein römisch-katholischer Kardinal beteiligt; allerdings hätte er, wenn wir in die Methoden der Familienplanung eingestiegen wären, vielleicht Schwierigkeiten mit seiner obersten Instanz bekommen. Der Umstand, daß in allen unseren Kulturen, so in den konfuzianischen Kulturen, so seitens der Juden, der Christen, der Muslime, der Hindus, daß überall tausendfach gegen die eigenen ethischen Regeln verstoßen worden ist und weiterhin verstoßen wird, setzt doch die Ethik nicht außer Kraft! Und darf sie nicht außer Kraft setzen!

Wer tiefer nachbohrt, der wird weitere Übereinstimmungen der Lehren finden: den Respekt für das Leben, den Grundsatz der Gewaltlosigkeit – außer zur Selbstverteidigung –, auch das Prinzip der Solidarität gegenüber den Nachbarn oder, wie die Christen sagen, der Nächstenliebe. Aber er wird eben auch finden, daß die westlichen Demokratien in ihrer Wertskala die Rechte und die Freiheiten des einzelnen an die Spitze stellen – vergleichen wir einmal die ersten 19 Artikel unseres Grundgesetzes –, während die Religionen und die Kulturen des Ostens vielmehr die Pflichten an die Spitze stellen: die Pflichten gegenüber der Familie, die Pflichten gegenüber der Gesellschaft – übrigens im Konfuzianismus ganz besonders die Pflichten der Regierenden gegenüber den Regierten.

Mir scheint im Zeitalter der Globalisierung dringend wünschenswert die Herstellung eines allseitigen Willens zu Respekt und Toleranz gegenüber den Lehren anderer Kulturen und anderer Religionen. Toleranz nicht aus Gleichgültigkeit, sondern Toleranz aus Respekt, aus Achtung gegenüber anderen gewachsenen, geschichtlich gewachsenen Grundüberzeugungen. Die Erkenntnis, daß es ein beträchtliches Maß an gemeinsamen ethischen Grundüberzeugungen der Menschheit gibt, soll man verbreiten. Und ebenso die Erkenntnis, daß man manches von anderen lernen kann. Wenn dergestalt eine Globalisierung der Geisteswissenschaften erheblich beitragen könnte zur Überwindung von falschen Vorurteilen, dann könnten wir manche der mit der Globalisierung einhergehenden Risiken etwas getroster in Kauf nehmen.

Von jenem erwähnten Gremium ist schließlich nach zehn Jahren 1997 der Versuch einer »Universal Declaration of Human Responsibilities« zustande gebracht worden. (Englisch ist halt die globale Sprache, wenn Menschen aus fünf Kontinenten miteinander gemeinsam etwas zu beraten haben.) Auf deutsch müßte es heißen: Allgemeine Erklärung der menschlichen

Verantwortlichkeiten. Wir gehen davon aus, daß in diesem Jahr, da die allgemeine Erklärung der Menschenrechte fünfzig Jahre alt wird – vor fünfzig Jahren wurde sie in den Vereinten Nationen beschlossen –, unser Entwurf bei der Gelegenheit der Geburtstagsfeiern auch zur Beratung stehen wird.

Beide Erklärungen zusammen könnten durchaus einen globalen Konsens, einen ethischen Minimalkonsens bilden. Wenn ein globaler ethischer Minimalkonsens zustande käme – vielleicht dauert es Jahrzehnte und nicht nur eine einzige Jahrestagung einiger Diplomaten am East River zu New York –, wenn ein solcher Konsens zustande käme, wenn er allseitige Achtung und Anerkennung fände, dann könnte er beitragen dazu, daß die unwiderruflich eingetretene Globalisierung nicht unwiderruflich dazu führt, daß Interessenkonflikte ausarten in kulturelle und religiöse Konflikte.

Allein in unserem Jahrzehnt, in den neunziger Jahren, hat es bisher über 25 blutige regionale Kriege und sogenannte Bürgerkriege gegeben. Einige von ihnen werden uns durch CNN oder ARD oder ZDF abends in gräßlichen Bildern serviert. Die meisten dieser Kriege sind entweder ethnisch oder religiös-kulturell bedingt, und fast alle entwickeln sich auf dem Hintergrund entweder politischer Unterdrückung oder schwerer sozialer und ökonomischer Mißstände. Das wird auch im neuen Jahrhundert nicht anders sein. In diesem Zusammenhang habe ich persönlich kein übertriebenes Vertrauen in die Effizienz, in die friedenserhaltende Wirksamkeit der globalen Institutionen. Sie sind ohne Zweifel nötig. Aber in unserer schrumpfenden Welt wird man weder von den Vereinten Nationen noch vom Weltwährungsfonds noch von der Welthandelsorganisation noch von den Siebenergipfeln – hoffentlich demnächst Neunergipfeln, indem man die Chinesen und die Russen dazubittet, was ich für vernünftig halten würde –, man wird von all diesen Institutionen nicht erwarten können, daß sie Frieden und Fairneß und Gerechtigkeit in der ganzen Welt garantieren können. Was wir vielmehr brauchen in dieser globalisierenden Gesamtgesellschaft von zweihundert Staaten auf der Welt, ist der Wille und die Erziehung zur Verantwortlichkeit aller Führungspersonen, ob in der Politik, in den Religionsgemeinschaften und Kirchen, in den Unternehmungen oder in den Schulen oder in den Universitäten. Wer sich nicht in die Lage, in die Tradition, in die Mentalität der anderen hineinversetzen kann, wer die Interessen der anderen nicht achten kann, der taugt nicht zur Führung und taugt auch nicht als Lehrer.

Die Globalisierung wird sich im kommenden Jahrhundert fortsetzen. Sie ist nicht aufzuhalten. Ökonomisch gesehen bietet sie den wohlorganisierten Entwicklungs- und Schwellenländern die größten Chancen. Sie bietet keine Chancen für chaotisch regierte Entwicklungsländer. Ökonomisch gesehen stellt die Globalisierung die höchsten Herausforderungen an die hochentwickelten Industriestaaten Europas, darunter Deutschland. Bisher sind wir dieser Herausforderung kaum gewachsen gewesen — siehe unsere Massenarbeitslosigkeit, siehe die Gefährdung unserer sozialen Sicherungssysteme. Nicht in Deutschland, auch nicht in Frankreich, auch nicht in Italien — fast überall in Europa nicht.

Kulturell gesehen bedeutet die Globalisierung eine Gefährdung der eigenen Identität für die allermeisten Staaten der ganzen Welt — nicht nur Europas, auch der Entwicklungsländer, auch der asiatischen Staaten, der allermeisten Staaten der ganzen Welt — am wenigsten vielleicht für die USA und für China. Moralisch gesehen drängen Globalisierung und Bevölkerungsexplosion zum Respekt für die kulturelle Identität und für die Interessen anderer Staaten. Aber ich gestehe, daß ich in dieser Hinsicht einen großen Optimismus für nicht gerechtfertigt halten kann.

Für uns, für Deutschland, stellen sich die Herausforderungen noch schärfer und noch gefährdender dar als für die anderen Staaten Europas. Noch gefährlicher für uns: erstens wegen der bisher unbewältigten seelischen und der bisher noch nicht vollzogenen sozialökonomischen Vereinigung der Deutschen in den östlichen und westlichen Bundesländern. Noch gefährlicher für uns zweitens wegen unserer bisherigen doppelten Unfähigkeit, zum einen den großen Zustrom von Ausländern zu begrenzen und zum anderen die uns tatsächlich zugewanderten Ausländer mit vollen Staatsbürgerrechten auszustatten – eine doppelte Politik, die in ihrer Summierung Wahnsinn ist. Und drittens sind wir besonders gefährdet wegen unserer psychotischen Neigung zu Ängsten und unserer psychotischen Abneigung gegenüber Veränderungen.

Wenn das so ist, dann wird in unserem Land, in unserer Nation, geistige und politische Führung um so notwendiger! Um so notwendiger, denn genausowenig wie eine weltumfassende

Marktwirtschaft internationalen Frieden garantiert, genausowenig kann eine innerdeutsche Marktwirtschaft allein den sozialen Frieden oder eine hohe Beschäftigung garantieren. Geistige und politische Führung ist dringend geboten, weil sowohl der internationale Frieden immer neu gestiftet werden muß, als auch der innere, der soziale Friede immer erneut der Anstrengung bedarf; weil soziale Gerechtigkeit und zum Beispiel Arbeit für über fünf Millionen arbeitslose Menschen bewußt herausgestellt werden muß. Daß der Markt an sich automatisch soziale Gerechtigkeit oder ausreichende Arbeitsplätze schafft, das glaubt heute nicht einmal Graf Lambsdorff – Ludwig Erhard hat es niemals geglaubt.

In dieser Lage müssen wir Deutschen von unseren deutschen Politikern etwas mehr verlangen als nur die drei Elemente, die Max Weber vor achtzig Jahren als vornehmlich entscheidende Qualitäten eines Politikers bezeichnet hat, nämlich Leidenschaft, Verantwortungsbewußtsein und Augenmaß. Sie reichen nicht aus. Was wir vielmehr verlangen müssen, ist erstens: persönliche Urteilskraft, eigene Urteilskraft anstelle von Ideologien, die andere fabriziert haben; zweitens: Zivilcourage, die nötig ist, um das aus-

zusprechen, was ich selbst geurteilt habe, Zivilcourage anstelle opportunistischer Anbiederei
und Schönfärberei, die von Übel sind; drittens:
Tatkraft zur Umsetzung des nach dem eigenen
Urteil Notwendigen in die Wirklichkeit von
Politik und Gesellschaft und Wirtschaft. Aber
schließlich: Es muß Verantwortungsbewußtsein
verlangt werden. Darin hatte Max Weber ganz
gewiß recht. Der Politiker muß die Folgen
seines Handelns und die Folgen seines Nicht-
handelns verantworten können. Nicht nur die
Erfolge muß er verantworten, sondern auch seine Mißerfolge. Er muß auch die von ihm nicht
beabsichtigten Nebenwirkungen verantworten.
Und: Er muß von uns, den regierten Bürgern,
zur Verantwortung gezogen werden.

Wir wissen, daß wir allesamt Fehler haben,
daß wir Schwächen haben, daß wir Fehler machen. Jeder von uns möchte gleichwohl vor-
ankommen, jeder möchte etwas gelten, sei es zu
Hause oder im Beruf oder im Verein oder an der
Universität – so auch die Politiker. Die Politiker
haben besonders mit zwei Berufskrankheiten zu
kämpfen. Sie heißen Eitelkeit und Geltungs-
bedürfnis. Im Bewußtsein unserer eigenen Fehl-
barkeit sollten wir den Politikern diese beiden
Berufskrankheiten nachsehen. Sofern sie Ur-

teilskraft, Zivilcourage und Tatkraft aufbringen, sofern sie sich ihrer Verantwortung bewußt bleiben, sollten wir ihnen jene kleinen Schwächen nachsehen. Was wir ihnen nicht nachsehen dürfen, ist ein Mangel an Urteil, ein Mangel an Courage, ein Mangel an Tatkraft. Niemals dürfen wir ihnen einen Mangel an Verantwortungsbewußtsein durchgehen lassen.

Unser Land befindet sich ökonomisch und sozial und psychisch in einer zunehmend gefährdeten Situation. Nirgendwo steht geschrieben, daß wir nicht fähig wären, diese Situation zu meistern. Ich jedenfalls bin sicher, daß wir uns aus dieser Lage befreien können. Allerdings – und das ist eine notwendige Voraussetzung auf unserer Seite, auf der Seite der Bürger in diesem Staat, und zugleich ist es ein Appell an jedermann – kann es uns nur dann gelingen, wenn wir nicht einfach auf die politische Führung durch die Regierenden vertrauen, sondern nur dann, wenn wir, die Regierten, wenn wir selbst wissen und wollen, daß keineswegs alles so bleiben kann, wie es bis heute war oder wie es noch gestern gewesen ist. Nur dann, wenn wir nicht bloß unsere eigenen Rechte und Ansprüche einklagen, sondern wenn wir ebenso unsere eigenen Pflichten gegenüber der Gesellschaft erfüllen und wenn wir unserer eigenen Verantwortung gegenüber der Gemeinschaft gerecht werden, nur dann wird es uns gelingen.

Ich habe bereits einmal den Satz aus dem alten Rom zitiert: »Das öffentliche Wohl ist das oberste Gesetz.« In meinen eigenen Worten möchte ich hinzufügen: Keine Demokratie und keine offene Gesellschaft können auf die Dauer Bestand haben ohne das doppelte Prinzip von Rechten und von Pflichten – und beide Prinzipien gelten für jedermann.